AF498136

LA GÉOGRAPHIE

SIMPLIFIÉE

PAR DEMANDES ET PAR RÉPONSES

ET RÉDIGÉE SPÉCIALEMENT

POUR LES ÉLÈVES DES PENSIONNATS ET DES ÉCOLES PRIMAIRES

Par JEAN BOYER

Professeur.

HUITIÈME ÉDITION.

DIJON,

CLUNET, LIBRAIRE-ÉDITEUR,

RUE GUILLAUME, 24.

1862.

Dijon. — Typ. Bernaudat.

GÉOGRAPHIE SIMPLIFIÉE.

NOTIONS GÉNÉRALES.

Qu'est-ce que la Géographie ?
C'est la *description* de la surface de la Terre.

Quelle est la forme de la Terre ?
La Terre a la *forme* d'un immense globe ou boule, un peu aplatie vers deux points opposés qu'on appelle pôles (1).

Quels sont les noms des deux pôles de la Terre ?
L'un s'appelle pôle *nord*, et l'autre pôle *sud*.

Ces deux pôles n'ont-ils pas d'autres noms ?
Le pôle nord s'appelle encore pôle *boréal, septentrional* ou *arctique*, et le pôle sud, pôle *austral, méridional* ou *antarctique*.

Quels sont les quatre points qu'on appelle cardinaux ?
Ce sont : le levant, le couchant, le nord et le midi.

Les quatre points cardinaux n'ont-ils point d'autres noms ?
Le levant s'appelle encore *est* ou *orient;* le couchant *ouest* ou *occident;* le nord, *septentrion*, et le midi, *sud*.

Où sont situés les quatre points cardinaux ?
Le *levant* est situé du côté où le soleil paraît se lever, et le *couchant* du côté où il paraît se coucher; le *nord* est situé du côté du pôle nord, et le *sud*, du côté du pôle sud.

Quels sont les quatre autres points intermédiaires situés entre les points cardinaux ?
Ce sont : le *nord-est*, entre le nord et l'est; le *sud-est*,

(1) Les montagnes ne sont point un obstacle à la rondeur de la terre, parce qu'elles sont peu de chose comparativement au volume énorme de notre globe.

entre le sud et l'est ; le *sud-ouest*, entre le su et l'ouest, et le *nord-ouest*, entre le nord et l'ouest.

Qu'est-ce que s'orienter ?
C'est reconnaître la *position* des quatre points cardinaux.

Que faut-il faire pour s'orienter ?
Il faut se tourner du côté où le soleil se lève ; alors on a l'*est* devant soi, l'*ouest* derrière, le *nord* à gauche, et le *sud* à droite.

De quoi se sert-on pour représenter la terre ?
On se sert de globes ou de cartes géographiques.

Qu'est-ce que le globe terrestre ?
C'est une *boule* sur laquelle on a tracé les différentes parties de la surface de la terre.

Qu'est-ce que les cartes géographiques ?
Ce sont des *plans* qui représentent une certaine étendue de la surface de la terre.

Que représente la carte appelée mappemonde ?
Elle représente le *globe* coupé en deux parties égales qu'on appelle hémisphères.

Où sont ordinairement placés les quatre points cardinaux dans les cartes géographiques ?
Le *nord* est placé au haut des cartes, le *sud* au bas, l'*est* à droite, et l'*ouest* à gauche.

DÉFINITIONS DES TERMES DE GÉOGRAPHIE.

De quoi se compose la surface du globe terrestre ?
De deux grandes parties : la *terre* et l'*eau*. La terre n'occupe qu'un peu plus du quart de cette surface.

Quels noms prennent les différentes parties de la surface de la terre ?
Elles se nomment continents, îles, presqu'îles, isthmes, caps, côtes, montagnes, etc.

Qu'appelle-t-on continents ?
On appelle *continents* les trois plus vastes étendues de terre qu'on puisse parcourir sans traverser les mers.

Qu'est-ce qu'une île ?
C'est une *étendue de terre* entièrement entourée d'eau.

Qu'est-ce qu'une presqu'île ou péninsule ?
C'est une *étendue de terre* presque entièrement entourée d'eau, et qui ne tient au continent que d'un seul côté.

Qu'est-ce qu'un isthme?
C'est une *langue de terre* très-étroite resserrée entre deux mers, et qui joint une presqu'île au continent.

Qu'est-ce qu'un cap?
C'est une *pointe de terre* qui s'avance dans la mer.

Qu'est-ce qu'une côte?
C'est le *rivage* de la mer; les côtes escarpées prennent le nom de *falaises*; celles qui sont peu élevées et découvertes s'appellent *plages* ou *grèves*, et celles qui sont sablonneuses se nomment *dunes*.

Qu'est-ce qu'une chaîne de montagnes?
C'est la *réunion* d'un grand nombre de montagnes qui se touchent par la base.

Qu'est-ce qu'un volcan?
C'est un *goufre* situé ordinairement sur une montagne, et qui vomit par intervalles des matières enflammées et d'autres substances fondues qu'on nomme *laves*. L'ouverture d'un volcan se nomme *cratère*.

EXPLICATION DES TERMES QUI ONT RAPPORT AUX EAUX.

Qu'est-ce que la mer ou océan?
C'est la vaste *étendue* d'eau salée qui entoure les continents de tous côtés.

Qu'appelle-t-on encore mers?
On appelle encore *mers* plusieurs parties de l'océan, auxquelles on a donné des noms particuliers.

Qu'appelle-t-on mers extérieures et mers intérieures?
On appelle *mers extérieures* celles qui entourent les continents, et *mers intérieures* celles qui entrent dans les terres.

Qu'est-ce qu'un golfe?
C'est une petite *mer intérieure*. Si l'entrée est étroite, il prend quelquefois le nom de *baie*.

Qu'est-ce qu'un archipel?
C'est une *portion* de la mer où se trouvent réunies un grand nombre d'îles.

Qu'est-ce qu'un détroit?
C'est un *bras* de mer étroit et resserré entre deux terres.

Qu'est-ce qu'un port de mer?
C'est une *portion* de mer avancée dans les terres, servant à contenir les vaisseaux et à les préserver des vents et des tempêtes.

Qu'est-ce qu'un écueil ou récif?

C'est un rocher à fleur d'eau contre lequel les vaisseaux vont quelquefois se briser.

Qu'est-ce qu'un fleuve ?

C'est un grand *cours d'eau* qui se jette dans la mer.

Qu'est-ce qu'une rivière ?

C'est un *cours d'eau* qui se jette dans un fleuve ou dans une autre rivière (1).

Qu'est-ce que la rive droite et la rive gauche d'un cours d'eau.

C'est le *côté droit* ou le *côté gauche* de celui qui le descend ayant le visage tourné du côté de son embouchure.

Qu'est-ce qu'un confluent ?

C'est l'endroit où se *joignent* deux cours d'eau.

Qu'est-ce qu'un affluent?

C'est un *cours d'eau* qui se jette dans un autre plus considérable.

Qu'appelle-t-on bassin d'un fleuve?

On appelle *bassin* d'un fleuve l'ensemble des pays dont les eaux s'écoulent dans ce fleuve.

Qu'est-ce qu'un torrent?

C'est un cours d'eau *rapide* occasionné par la pluie ou par la fonte des neiges, et qui ne dure que peu de temps.

Qu'est-ce que la source et l'embouchure d'un cours d'eau ?

La *source* d'un cours d'eau est l'endroit où il commence; et son *embouchure*, celui où il se jette dans la mer ou dans un autre cours d'eau.

Qu'est-ce qu'une cataracte ?

C'est la chute des eaux d'une grande rivière ; une petite cataracte se nomme *cascade* (2).

Qu'est-ce qu'un lac ?

C'est une *grande étendue d'eau* au milieu des terres ; un lac peu étendu est un *étang*, et un étang très-peu profond prend le nom de *marais*.

Qu'est-ce qu'un canal?

C'est une *rivière* creusée de mains d'homme pour faciliter le transport des marchandises.

(1) Cependant plusieurs rivières se jettent directement dans la mer, parce qu'elles ne sont pas assez considérables pour porter le nom de fleuves.

(2) La plus fameuse cataracte que l'on connaisse est celle d u *Niagara*, dans le Canada (Amérique du Nord): elle tombe comme un torrent d'une hauteur perpendiculaire de 50 mètres, et a près d'un demi-kilomètre de large.

DIVISION DE LA TERRE.

En combien de parties divise-t-on la terre?

En cinq grandes parties, savoir : l'*Europe*, l'*Asie*, l'*Afrique*, l'*Amérique* et l'*Océanie*.

Quels continents forment ces cinq parties?

L'Europe, l'Asie et l'Afrique forment l'*ancien continent*; l'Amérique forme le *nouveau continent*, et la Nouvelle-Hollande, qui fait partie de l'Océanie, forme le *continent austral*.

DIVISION DE L'OCÉAN.

En combien de grandes mers extérieures divise-t-on l'Océan?

En cinq grandes *mers extérieures* qui en forment une multitude d'autres, tant extérieures qu'intérieures.

Quelles sont les cinq grandes mers extérieures?

Ce sont : 1° l'*Océan atlantique*, entre l'Europe, l'Afrique et l'Amérique; 2° le *grand Océan* ou *Océan pacifique*, entre l'Asie, la Nouvelle-Hollande et l'Amérique (1); 3° la *mer des Indes*, au sud de l'Asie; 4° l'*Océan glacial arctique*, vers le pôle nord, et 5° l'*Océan glacial antarctique*, vers le pôle sud.

POPULATION DE LA TERRE.—COULEURS QUI DISTINGUENT LES HOMMES.—RELIGIONS.—GOUVERNEMENTS.

Quelle est la population de la terre?

Elle est d'environ un *billion* d'habitants, savoir : 280 millions pour l'Europe, 550 pour l'Asie, 100 pour l'Afrique, 60 pour l'Amérique, et 10 pour l'Océanie.

Quelles sont les principales couleurs qui distinguent les hommes?

Ce sont: la blanche, la noire et la jaune ou cuivrée.

Quelles parties du globe peuplent les blancs?

(1) La partie septentrionale de cet Océan se nomme Océan Boréal; la partie méridionale s'appelle Océan Austral, et celle du milieu Océan Equinoxial.

Les *blancs* peuplent l'Europe, l'ouest de l'Asie et le nord de l'Afrique ; les *nègres* peuplent la plus grande partie de l'Afrique et de l'Océanie, et les *jaunes* ou *cuivrés* sont répandus dans l'est de l'Asie, le nord-ouest de l'Océanie, et comprennent presque tous les anciens habitants de l'Amérique.

Quelles sont les principales religions professées par les hommes ?

Ce sont : le judaïsme, le christianisme, le mahométisme et le paganisme.

Qu'est-ce que le judaïsme ?

Le *judaïsme*, dont le culte a été réglé par Moïse, est la religion que professent les juifs dispersés par toute la terre.

Que comprend le christianisme ?

Le *christianisme*, fondé par Jésus-Christ, comprend l'Eglise catholique romaine, l'Eglise schismatique grecque et le Protestantisme.

Qu'est-ce que le mahométisme ?

C'est la religion fondée par *Mahomet*, en 622.

Que comprend le paganisme ?

Le *paganisme* ou *idolâtrie* comprend toutes les religions qui admettent plusieurs dieux (1).

Quelles sont les principales espèces de gouvernement ?

Ce sont : 1° le *républicain*, ou gouvernement du peuple ou d'une partie du peuple ; 2° le *monarchique*, ou gouvernement d'un seul homme sous le titre de roi, d'empereur, de duc, etc.

Quand est-ce qu'une république est aristocratique, démocratique, etc. ?

Une république est *aristocratique* quand le pouvoir suprême est confié à la noblesse, et *démocratique* lorsque ce même pouvoir est confié au peuple ou à ses représentants.

Qu'est-ce qu'une confédération ?

C'est une *réunion* d'Etats unis pour leur défense commune.

Quand est-ce qu'un gouvernement monarchique est absolu, despotique, etc. ?

Un gouvernement est *absolu*, lorsque l'autorité souveraine n'est point partagée ; et il est *despotique*, lorsque le souverain n'a d'autres lois que sa volonté.

---

(1) Le catholicisme comprend environ 200 millions d'hommes ; la religion schismatique grecque, 60 ; le protestantisme, 100 ; le judaïsme, 5 ; le mahométisme, 100 ; et le paganisme, 535.

Quand est-ce qu'un gouvernement monarchique est constitutionnel?

C'est lorsqu'il est fondé sur un contrat qui constitue les droits naturels du souverain et du peuple.

DE L'EUROPE.

Quelles sont les bornes de l'Europe

L'Europe est bornée au *nord*, par l'Océan glacial arctique ; à l'*ouest*, par l'Océan atlantique ; au *sud*, par la Méditerranée, la Mer Noire et les monts Caucases ; et à l'*est*, par le fleuve et les monts Ourals.

Quelle est l'étendue de l'Europe ?

L'*Europe* est la plus petite des cinq parties du monde, n'étant à peu près que le quart de l'Asie et de l'Amérique, et le tiers de l'Afrique ; mais elle tient le premier rang sous le rapport de la civilisation et de l'industrie de ses habitants.

Quel est le climat de l'Europe ?

Les contrées du nord de l'Europe sont très-froides en hiver ; celles du milieu jouissent d'une température douce, et celles du midi éprouvent d'assez grandes chaleurs en été (1).

Quelles sont les productions de l'Europe ?

Le nord de l'Europe produit d'excellents bois pour la construction des vaisseaux, et celles du milieu et du midi sont généralement fertiles en productions de toute espèce.

L'Europe est-elle riche en mines précieuses ?

L'Europe possède peu de mines d'or et d'argent ; mais beaucoup de *fer*, de *cuivre*, d'*étain*, de *plomb*, de *houille*, etc.

En combien de parties divise-t-on l'Europe ?

En seize parties principales, savoir :

1° L'*Empire français*, capitale Paris ;

2° Le royaume d'*Angleterre*, capit. Londres ;

3° Le royaume de *Danemarck*, capit. Copenhague ;

4° Le royaume de *Suède*, capit. Stockolm ;

5° L'*Empire de Russie*, capit. St-Pétersbourg ;

---

(1) Un pays est, en général, d'autant plus froid qu'il est plus éloigné de l'équateur, cercle imaginaire qu'on suppose entourer la terre à égale distance des deux pôles.

6º Le royaume de *Belgique*, capitale Bruxelles ;

7º Le royaume de *Hollande*, capitale la Haye ;

8º Les *États secondaires de l'Allemagne*, capitale Francfort (1) ;

9º Le royaume de *Prusse*, capitale Berlin ;

10º La *Confédération Suisse*, villes principales Bâle, Berne et Genève ;

11º L'*Empire d'Autriche*, capitale Vienne ;

12º Le royaume d'*Espagne*, capitale Madrid ;

13º Le royaume de *Portugal*, capitale Lisbonne ;

14º Le royaume d'*Italie* formé du royaume de Sardaigne, du Milanais, du royaume des Deux-Siciles, d'une partie des États pontificaux, des duchés de Parme et Plaisance, de Modène, de Lucques et du grand duché de Toscane, capitale Turin.

15º L'*Empire de Turquie*, capit. Constantinople ;

16º Le royaume de *Grèce*, capit. Athènes.

Quelles sont les principales îles de l'Europe ?

Ce sont : le *Spitzberg* et les *îles de la Nouvelle-Zemble*, dans l'Océan glacial ; *Séeland*, *Laland* et *Fionie*, dans le Danemarck ; l'*Islande*, la *Grande-Bretagne* et l'*Irlande*, dans l'Atlantique ; les *îles Baléares* et les *îles de Sardaigne*, de *Corse*, d'*Elbe*, de *Sicile*, de *Malte* et les *sept îles Ioniennes*, dans la mer Méditerranée ; les îles de *Lemnos*, de *Nègrepont*, de *Candie*, etc., dans l'Archipel.

Quelles sont les principales presqu'îles de l'Europe ?

Ce sont la *Suède*, l'*Espagne avec le Portugal*, l'*Italie*, la *Morée* au sud de la Grèce, et la *Crimée*, au nord de la mer Noire.

Quels sont les principaux isthmes de l'Europe ?

Ce sont : celui de *Corinthe*, à l'entrée de la Morée, et celui de *Pérécop*, à l'entrée de la Crimée.

Quels sont les principaux caps de l'Europe ?

Ce sont : le cap *nord*, au nord de la Suède ; le cap *Lizard*, au sud-ouest de l'Angleterre ; le cap de la *Hogue*, au nord-ouest de la France : le cap *Finistère*, au nord-ouest de l'Espagne, et le cap *Trafalgar*, au sud ; le cap *St-Vincent*, au sud-ouest du Portugal, et le cap *Matapan*, au sud de la Grèce.

---

(1) Les principaux États secondaires de l'Allemagne sont : Le royaume de *Hanovre*, capitale Hanovre ; celui de *Saxe*, cap. Dresde ; celui de *Bavière*, cap. Munich ; celui de *Wurtemberg*, cap. Stuttgard ; le *Grand-Duché de Bade*, celui du *Bas-Rhin*, etc., etc.

Quelles sont les principales chaînes de montagnes de l'Europe?

Ce sont : les monts *Dofrines* ou *Alpes Scandinaves*, à l'ouest de la Suède ; les *Alpes*, entre la France et l'Italie ; les *Pyrénées*, entre la France et l'Espagne ; les *monts Ibériens*, qui traversent l'Espagne du nord au sud ; les *monts Carpathes*, entre la Russie et l'Autriche ; les *Apennins*, qui longent toute l'Italie ; les *monts Caucases* entre la Russie d'Europe et la Turquie d'Asie ; et les *monts Ourals*, entre la Russie d'Europe et la Russie d'Asie.

Quelles sont les montagnes les plus élevées de l'Europe?

Ce sont : le mont *Blanc*, le mont *Cenis*, le mont *Saint-Bernard*, le mont *Rose*, le *Simplon*, le mont *Furca* et le mont *Saint-Gothard* dans les Alpes , et le mont *Perdu* dans les Pyrénées.

Quels sont les principaux volcans de l'Europe?

Ce sont : celui du *Mont-Vésuve* près de Naples ; celui du *Mont Etna*, en Sicile, et celui du *mont Hécla*, en Islande.

Quelles sont les trois grandes mers qui baignent l'Europe?

Ce sont : l'*Océan Glacial*, au nord ; l'*Océan Atlantique*, à l'ouest, et la *mer Méditerranée*, au sud.

Quelle est la principale mer de l'Europe formée par l'Océan Glacial?

C'est la mer *Blanche*, située au nord de la Russie.

Quelles sont les principales mers de l'Europe formées par l'Océan Atlantique?

Ce sont : la mer Baltique , la mer du Nord, la mer d'Islande et la Manche.

Quelles sont les principales mers de l'Europe formées par la Méditerranée?

Ce sont : la mer Adriatique, la mer Ionienne, l'Archipel, la mer de Marmara et la mer Noire. Cette dernière, en s'étendant vers le nord, forme la mer d'Azoff.

Où est située la mer Caspienne?

Elle est située entre l'Europe et l'Asie. Cette mer n'a aucune communication apparente avec les autres mers.

Quels sont les principaux golfes de l'Europe?

Ce sont ceux de *Bothnie*, de *Finlande* et de *Livonie*, formés par la mer Baltique ; ceux de *Christiania* et de *Zuiderzée*, formés par la mer du Nord ; celui de *Gascogne*, au nord de l'Espagne ; ceux du *Lion* et de *Gênes*, formés par la Méditerranée ; ceux de *Tarente* et de *Lépante*, formés par la mer Ionienne, et celui de *Thessalonique* dans l'Archipel.

Quels sont les principaux détroits de l'Europe ?

Ce sont : le *Sond*, entre l'île de Séeland et la Suède ; le *Pas-de-Calais*, entre la France et l'Angleterre ; le *détroit de Gibraltar*, entre l'Espagne et l'Afrique ; celui de *Bonifacio*, entre la Corse et la Sardaigne ; le *Phare de Messine*, entre le royaume de Naples et la Sicile ; le *détroit des Dardanelles* et celui de *Constantinople*, entre la Turquie d'Europe et la Turquie d'Asie, et celui de *Caffa*, entre la mer Noire et la mer d'Azoff.

Quels sont les principaux lacs de l'Europe ?

Ce sont ceux d'*Onéga*, de *Ladoga* et de *Saïma*, en Russie ; le *Méler*, le *Wener* et le *Wetter*, en Suède ; les lacs de *Constance*, de *Neufchâtel*, de *Lucerne*, de *Zurich* et de *Genève*, en Suisse, et les lacs *Majeur*, de *Lugano*, de *Côme* et de *Garde*, dans le Milanais.

Quels sont les principaux fleuves de l'Europe qui se jettent dans la mer Baltique ?

Ce sont : la Néva, le Niémen, la Vistule et l'Oder (1).

Quels sont les principaux fleuves de l'Europe qui se jettent dans la mer du Nord ?

Ce sont : l'Elbe, le Véser, le Rhin, la Meuse, l'Escaut et la Tamise.

Quels sont les principaux fleuves de l'Europe qui débouchent dans l'Atlantique ?

Ce sont : la Seine, la Loire, la Gironde, le Douero, le Tage, la Guadiana et le Guadalquivir.

Quels sont les principaux fleuves de l'Europe qui débouchent dans la Méditerranée ?

Ce sont : l'Ebre , le Rhône, le Var et le Tibre. La mer Adriatique reçoit le Pô et l'Adige.

Quels sont les autres principaux fleuves de l'Europe ?

Ce sont : le *Danube*, le *Dniester* et le *Dnieper*, qui se jettent dans la mer Noire ; le *Don* (ancien Tanaïs), qui débouche dans la mer d'Azoff ; le *Volga* et l'*Oural*, qui se déchargent dans la mer Caspienne (2).

(1) La Néva passe à Saint-Pétersbourg et fait communiquer le lac Ladoga au golfe de Finlande.

(2) Le plus grand fleuve de l'Europe est le Volga ; le 2e est le Danube, et le 3e est le Rhin.

DE LA FRANCE.

Qu'est-ce que la France ?

C'est un des plus vastes, des plus riches et des plus puissants états de l'Europe, tant sous le rapport de sa population que sous ceux du produit de son sol et de l'industrie de ses habitants.

Quelles sont les bornes de la France ?

La France est bornée au *nord* par la Belgique et la Manche, à l'*ouest* par l'Atlantique, au *sud* par l'Espagne et la Méditerranée, et à l'*est* par le Piémont, la Savoie, la Suisse et le Grand-Duché de Bade.

Quelle est l'étendue de la France ?

La France a 111 myriamètres du *nord* au *sud*, et 95 de l'*est* à l'*ouest*. Sa superficie est d'environ 5,400 myriamètres carrés.

Quel aspect présente la France ?

Le nord, le milieu et l'ouest de la France présentent de vastes plaines coupées de collines ; le midi et l'est sont traversés par plusieurs chaînes de montagnes.

Quelles sont les principales chaînes de montagnes de la France ?

Ce sont : les *Pyrénées*, entre la France et l'Espagne ; les *Alpes*, entre la France et l'Italie ; les *Cévennes*, qui longent tout le Languedoc ; le *Cantal*, les *Monts d'Auvergne*, le *Jura* et les *Vosges*.

Quelles sont les principales productions de la France ?

Les provinces du *nord* produisent blés, lin, chanvre, houblon, huile de navette, betterave, etc., etc.; et celles du *midi* produisent soie, vins, olives, figues, etc.

Le commerce et l'industrie de la France sont-ils considérables ?

Le commerce et l'industrie de la France ont acquis une telle importance, que la France ne le cède qu'à l'Angleterre, et l'emporte sur toutes les autres parties du monde.

Quelle est la population de la France ?

Elle est de 37 millions d'habitants.

Quels sont les principaux fleuves de la France ?

Ce sont : la Seine, la Loire, le Rhône, la Gironde (formée de la réunion de la Garonne et de la Dordogne). Le *Rhin*, la *Meuse*, l'*Escaut* et le *Var* appartiennent aussi en partie à la France.

Où la Seine prend-elle sa source et quelles sont les principales villes qu'elle arrose ?

La Seine prend sa source en *Bourgogne*, dans le département de la Côte-d'Or, et arrose Châtillon-sur-Seine, Bar-sur-Seine, Troyes, Nogent, Melun, Paris, Rouen, le Hâvre et Honfleur.

Quels sont les principaux affluents de la Seine ?

Ce sont : *à droite*, l'Aube, la Marne et l'Oise grossie de l'Aisne ; *à gauche*, l'Yonne, le Loing et l'Eure.

Où la Loire prend-elle sa source et quelles sont les principales villes qu'elle baigne ?

La Loire prend sa source dans le département de l'*Ardèche*, et baigne le Puy, Roanne, Nevers, Briare, Gien, Orléans, Blois, Tours, Saumur, Nantes et Paimbœuf.

Quels sont les principaux affluents de la Loire ?

Ce sont : *à droite*, la Nièvre et la Maine formée par la réunion de la Mayenne et de la Sarthe grossie du Loir ; *à gauche*, l'Allier, le Loiret, le Cher, l'Indre, la Vienne grossie de la Creuse, et la Sèvre-Nantaise.

Où le Rhône prend-il sa source et quelles sont les principales villes qu'il arrose.

Le Rhône prend sa source près du mont *Furca*, en Suisse, traverse le lac de Genève, se perd ensuite dans les fentes d'un rocher en forme de gouffre, et en ressort pour arroser Lyon, Vienne, Condrieux, Tournon, Valence, Viviers, le Pont-Saint-Esprit, Avignon, Beaucaire, Tarascon et Arles.

Quels sont les principaux affluents du Rhône ?

Ce sont : *à droite*, l'Ain, la Saône grossie du Doubs, l'Ardèche et le Gard ;

à gauche, l'Isère, la Drôme et la Durance.

Où la Garonne prend-elle sa source, et quelles sont les principales villes qu'elle arrose ?

La Garonne prend sa source au pied des *Pyrénées* en Espagne, et arrose Saint-Gaudens, Muret, Toulouse, Agen, Marmande, la Réole, Bordeaux, et forme, en se réunissant à la Dordogne près Blaye, le fleuve de la *Gironde*.

Quels sont les principaux affluents de la Garonne.

Ce sont : *à droite*, l'Ariége, le Tarn grossi de l'Aveyron, le Lot et la Dordogne grossie de la Corrèze ;

à gauche, le Gers.

*Où le Rhin prend-il sa source, et quelles sont les princi-
pales villes qu'il arrose?*

Le Rhin prend sa source au mont *Saint-Gothard* en
Suisse, et arrose Chaffouse, Bâle, Strasbourg, Mayence,
Coblentz, Cologne, Clèves, etc.

*Quelle est la principale rivière de France qui se jette
dans le Rhin?*

C'est la *Moselle*, grossie de la Meurthe.

Quel est le cours de l'Escaut?

L'Escaut prend sa source en *Picardie*, et arrose Cambrai,
Gand et Anvers.

Quelles sont les autres principales rivières de la France?

Ce sont : la *Meuse*, qui se jette dans la mer du Nord; la
Somme et l'*Orne* qui se jettent dans la Manche; la *Vilaine*,
grossie de l'Isle, la *Sèvre-Niortaise*, la *Vendée*, la *Charente*
et l'*Adour* qui débouchent dans l'Atlantique; l'*Aude*, l'*Hé-
rault* et le *Var*, qui se déchargent dans la Méditerranée.

DIVISION DE LA FRANCE.

*En combien de provinces était autrefois divisée la
France?*

En 33 provinces non compris le *Comtat-Venaissin* et la
Corse, savoir :

La Flandre-Française, l'Artois, la Picardie, la Normandie,
l'Ile-de-France, la Champagne, la Lorraine, l'Alsace, la Bretagne, le Maine, l'Anjou, la Touraine, l'Orléanais, le Poitou,
le Berry, le Nivernais, le Bourbonnais, la Bourgogne, la Franche-Comté, la Saintonge, l'Angoumois, le Limousin, la Marche,
l'Auvergne, le Lyonnais, la Guyenne, le Languedoc, le Dauphiné, la Provence, la Gascogne, le Béarn, le Comté-de-Foix
et le Roussillon.

*Comment la France est-elle maintenant divisée sous le
rapport administratif?*

En 89 départements, dont chacun a un chef-lieu ou pré-
fecture; chaque département se divise en arrondissements
ou sous-préfectures; les arrondissements en cantons, les
cantons en communes, dont chacune a un maire.

(1. Il y en France 373 arrondissements, 2933 cantons et 37,510 communes.

TABLEAU DES ANCIENNES PROVINCES

et des départements qu'elles forment avec leur chef-lieu et leurs sous-préfectures.

FLANDRE FRANÇAISE (1). (1 dép.)	Du Nord : *Lille*; Avesnes , Cambrai, Douai, Dunkerque, Hazebrouck et Valenciennes.
ARTOIS. (1 départ.)	Du Pas-de-Calais : *Arras;* Béthune, Boulogne, Montreuil, Saint-Omer et Saint-Pol.
PICARDIE. (1 dép.)	De la Somme : *Amiens;* Abbeville, Doullens, Montdidier et Péronne.
NORMANDIE. (5 dép.)	De la Seine-Inférieure : *Rouen;* Dieppe, le Hâvre, Neufchâtel et Yvetot. De l'Eure : *Evreux ;* Les Andelys, Bernay, Louviers et Pont-Audemer. De l'Orne : *Alençon ;* Argentan, Domfront et Mortagne. Du Calvados : *Caen;* Bayeux, Falaise, Lisieux, Pont-l'Evêque et Vire. De la Manche : *Saint-Lô ;* Avranches, Cherbourg, Coutances, Mortain et Valognes.
ÎLE-DE-FRANCE. (5 dép.)	De la Seine : *Paris ;* Saint-Denis et Sceaux. De Seine-et-Oise : *Versailles ;* Corbeil, Etampes, Mantes, Pontoise et Rambouillet. De l'Oise : *Beauvais ;* Clermont, Compiègne et Senlis. De l'Aisne : *Laon;* Château-Thierry, Soissons, Saint-Quentin et Vervins. De Seine-et-Marne : *Melun;* Coulommiers, Fontainebleau, Meaux et Provins.

(1) Pour réciter ce tableau, les élèves diront : la FLANDRE FRANÇAISE forme 1 département : le département du Nord, chef-lieu *Lille;* sous-préfectures Avesnes, Cambrai, Douai, Dunkerque, Hazebrouck et Valenciennes. Et ainsi des autres.

CHAMPAGNE. (4 dép.)	Des ARDENNES : *Mézières ;* Réthel, Rocroy, Sédan et Vouziers. De la MARNE : *Châlons-sur-Marne ;* Reims, Epernay, Sainte-Menehould et Vitry-le-Français. De l'AUBE : *Troyes ;* Arcis et Bar-sur-Aube, Bar et Nogent-sur-Seine. De la HAUTE-MARNE : *Chaumont ;* Langres et Vassy.
LORRAINE. (4 dép.)	De la MEUSE : *Bar-le-Duc ;* Commercy, Montmédy et Verdun. De la MOSELLE : *Metz ;* Briey, Sarreguemines et Thionville. De la MEURTHE : *Nancy ;* Château-Salins, Lunéville, Toul et Sarrebourg. Des VOSGES : *Epinal ;* Saint-Dié, Mirecourt, Neufchâteau et Remiremont.
ALSACE. (2 dép.)	Du BAS-RHIN : *Strasbourg ;* Saverne, Schelestadt et Weissembourg. Du HAUT-RHIN : *Colmar ;* Altkirck et Belfort.
BRETAGNE. (5 dép.)	Du FINISTÈRE : *Quimper ;* Brest, Châteaulin, Morlaix et Quimperlé. Des CÔTES-DU-NORD : *Saint-Brieuc,* Dinan, Guingamp, Lannion et Loudéac. Du MORBIHAN : *Vannes ;* Lorient, Ploërmel et Pontivy. D'ILLE--ET--VILAINE : *Rennes ;* Fougères, Montfort, Redon, Saint-Malo et Vitré. De la LOIRE-INFÉRIEURE : *Nantes ;* Ancenis, Châteaubriant, Paimbœuf et Savenay.
MAINE, compren. le Perche. (2 départ.)	De la MAYENNE : *Laval ;* Château-Gontier et Mayenne. De la SARTHE : *Le Mans ;* La Flèche, Saint-Calais et Mamers.
ANJOU. (1 départ.)	De MAINE-ET-LOIRE : *Angers ;* Baugé, Beaupréau, Saumur et Segré.

TOURAINE. (1 dép.)	D'INDRE-ET-LOIRE : *Tours ;* Chinon et Loches.
ORLÉANAIS, compr. la Beauce. (3 dép.)	D'EURE-ET-LOIR : *Chartres ;* Château-dun, Dreux et Nogent-le-Rotrou. De LOIR-ET-CHER : *Blois ;* Romorantin et Vendôme. Du LOIRET : *Orléans ;* Gien, Montargis et Pithiviers.
POITOU. (3 départ.)	De la VENDÉE : *Napoléonville ;* Fontenai-le-Comte et les Sables-d'Olonne. Des DEUX-SÈVRES : *Niort ;* Bressuire, Parthenay et Melle. De la VIENNE : *Poitiers ;* Chatellerault, Civray, Loudun et Montmorillon.
BERRY. (2 départ.)	Du CHER : *Bourges ;* Saint-Amand et Sancerre. De l'INDRE : *Châteauroux ;* Le Blanc, La Châtre et Issoudun.
NIVERNAIS. (1 dép.)	De la NIÈVRE : *Nevers ;* Château-Chinon, Clamecy et Cosne.
BOURBONNAIS. (1 dép.)	De l'ALLIER : *Moulins ;* Gannat, La Palisse et Montluçon.
BOURGOGNE, compr. la Bresse. (4 dép.)	De l'YONNE : *Auxerre ;* Avallon, Joigny, Sens et Tonnerre. De la CÔTE-D'OR : *Dijon ;* Beaune, Chatillon-sur-Seine et Semur. De SAÔNE-ET-LOIRE : *Mâcon ;* Autun, Châlon-sur-Saône, Louhans et Charolles. De l'AIN : *Bourg ;* Belley, Gex, Nantua et Trévoux.
FRANCHE-COMTÉ. (3 dép.)	De la HAUTE-SAÔNE : *Vesoul ;* Gray et Lure. Du DOUBS : *Besançon ;* Baume, Montbéliard et Pontarlier. Du JURA : *Lons-le-Saunier ;* Dôle, Saint-Claude et Poligny.
SAINTONGE et AUNIS. (1 dép.)	De la CHARENTE-INFÉRIEURE : *La Rochelle ;* Saintes, Rochefort, Saint-Jean-d'Angely, Jonzac et Marennes.

ANGOUMOIS. (1 dép.)	De la CHARENTE : *Angoulême;* Barbezieux, Cognac, Confolens et Ruffec.
LIMOUSIN. (2 dép.)	De la HAUTE-VIENNE : *Limoges;* Bellac, Rochechouart et Saint-Yrieix. De la CORRÈZE : *Tulle;* Brive-la-Gaillarde et Ussel.
MARCHE. (1 dép.)	De la CREUSE : *Guerret*, Aubusson, Boussac et Bourganeuf.
AUVERGNE. (2 dép.)	Du PUY-DE-DÔME : *Clermont;* Ambert, Issoire, Riom et Thiers. Du CANTAL : *Aurillac;* Saint-Flour, Mauriac et Murat.
LYONNAIS, compr. le Forez. (2 dép.)	Du RHÔNE : *Lyon;* Villefranche. De la LOIRE : *Montbrison;* Saint-Etienne et Roanne.
GUIENNE, comprenant le Périgord, le Rouergue et le Quercy. (6 dép.)	De la GIRONDE : *Bordeaux;* Bazas, Blaye, Libourne, La Réole et Lesparre. De la DORDOGNE : *Périgueux;* Bergerac, Ribérac, Nontron et Sarlat. De LOT-ET-GARONNE : *Agen;* Marmande, Nérac et Villeneuve-d'Agen. Du LOT : *Cahors;* Gourdon et Figeac. De TARN-ET-GARONNE : *Montauban;* Castelsarrasin et Moissac. De l'AVEYRON : *Rodez;* Espalion, Milhau, Saint-Afrique et Villefranche.
LANGUEDOC, compr. le Gévaudan, le Velay et le Vivarais. (8 départ.)	De la HAUTE-LOIRE : *Le Puy;* Brioude et Yssengeaux. De l'ARDÈCHE : *Privas;* l'Argentière et Tournon. De la LOZÈRE : *Mende;* Florac et Marvejols. Du GARD : *Nimes;* Alais, le Vigan et Uzès. De l'HÉRAULT : *Montpellier;* Lodève, Béziers et Saint-Pons. De l'AUDE : *Carcassonne;* Castelnaudary, Limoux et Narbonne. Du TARN : *Alby;* Castres, Lavaur et Gaillac. De la HAUTE-GARONNE : *Toulouse;* Muret, Villefranche et Saint-Gaudens.

DAUPHINÉ.
(3 dép.)

De l'ISÈRE : *Grenoble ;* Saint-Marcellin, la Tour-du-Pin et Vienne :
De la DRÔME : *Valence ;* Die, Montélimart et Nions.
Des HAUTES-ALPES : *Gap ;* Briançon et Embrun.

COMTAT-VENAISSIN.
(1 dép.)

De VAUCLUSE : *Avignon ;* Apt , Carpentras et Orange.

PROVENCE.
(3 dép.)

Des BOUCHES-DU-RHÔNE : *Marseille ;* Arles et Aix.
Des BASSES-ALPES : *Digne ;* Barcelonnette , Castellane , Forcalquier et Sisteron.
Du VAR : *Draguignan ;* Brignole, Grasse et Toulon.

GASCOGNE.
(3 dép.)

Des LANDES : *Mont-de-Marsan ;* Dax et Saint-Sever.
Du GERS : *Auch ;* Condom, Lectoure, Lombez et Mirande.
Des HAUTES-PYRÉNÉES : *Tarbes ;* Argelès et Bagnères-de-Bigorre.

BÉARN.
(1 départ.)

Des BASSES-PYRÉNÉES : *Pau ;* Bayonne, Mauléon Oléron et Ortez.

COMTÉ-DE-FOIX.
(1 dép.)

De l'ARIÈGE : *Foix ;* Pamiers et Saint-Girons.

ROUSSILLON.
(1 dép.)

Des PYRÉNÉES-ORIENTALES : *Perpignan ;* Ceret et Prade.

ILE-DE-CORSE.
(1 dép.)

De l'ILE-DE-CORSE : *Ajaccio ;* Bastia, Calvi, Corté et Sartène.

SAVOIE.
(3 Départ.)

ALPES MARITIMES : *Nice ;* Grasse et Puget-Théniers.
SAVOIE : *Chambéry ;* Albertville , Moutiers et St-Jean-de-Maurienne.
HAUTE-SAVOIE : *Annecy ;* Bonneville, St-Julien et Thonon.

Quelles sont les principales îles de la France ?

Ce sont : les îles d'*Ouessant,* de *Croix,* de *Belle-Ile,* de *Noirmoutier,* d'*Yeu,* de *Rhé* et d'*Oléron* , dans l'Océan, et les îles de *Lérins* et d'*Hyères,* dans la Méditerranée.

Quels sont les principaux canaux de la France?

Ce sont : le canal du *Midi*, qui joint la Garonne à la Méditerranée ; le canal du *Centre*, qui joint la Saône à la Loire ; celui de l'*Est*, qui unit le Doubs au Rhin ; celui de *Bourgogne*, qui unit l'Yonne à la Saône ; ceux de *Briare*, d'*Orléans* et du *Loing*, qui joignent la Loire à la Seine, et les canaux de *St-Quentin* et de *Croza*, qui unissent l'Oise à l'Escaut.

Quelles sont les grandes lignes de chemins de fer de la France ?

Ce sont :

Le chemin de fer du *Nord*, conduisant de Paris à Lille, et de là en Belgique ;

Celui du *Nord-Ouest*, conduisant de Paris au Hâvre, et passant par Rouen ;

Celui de l'*Ouest*, conduisant de Paris à Brest, et passant par Versailles, Chartres, le Mans, Laval, Rennes, etc.

Celui du *Centre*, conduisant de Paris à Bordeaux, et passant par Orléans, Blois, Tours, Poitiers, Angoulême, etc. ;

Celui du *Sud-Est*, conduisant de Paris à Marseille, et passant par Melun, Dijon, Lyon, Avignon, etc. ;

Et celui de l'*Est*, conduisant de Paris à Strasbourg, et passant par Meaux, Châlons-sur-Marne, Nancy, etc. (1). Chacun de ces chemins de fer forme plusieurs embranchements.

Comment est divisée la France sous le rapport de l'administration de la justice ?

En vingt-neuf cours impériales comprenant chacune un certain nombre de départements ; dans chaque arrondissement, il y a un tribunal de première instance, et dans chaque canton, une justice de paix. Les causes criminelles sont jugées par les cours d'assises, et les causes commerciales par les tribunaux de commerce.

Quels sont les villes où siégent les cours impériales ?

Ce sont : Amiens, Douai, Metz, Nancy, Colmar, Besançon, Caen, Rouen, Paris, Dijon, Rennes, Angers, Orléans, Bourges, Poitiers, Riom, Limoges, Lyon, Grenoble, Nîmes, Montpellier, Aix, Toulouse, Agen, Bordeaux, Pau, Bastia, Chambéry et Alger. Au-dessus de ces cours est celle de *Cassation*, qui siége à Paris.

(1) Les contrées qui possèdent le plus de chemins de fer sont : l'Angleterre, la Belgique et les États-Unis d'Amérique, parce que ce sont aussi les plus riches en mines de fer et de houille.

Comment la France est-elle divisée sous le rapport de l'instruction publique?

En 18 académies, qui se composent : 1° de facultés, 2° de lycées ou colléges impériaux, 3° de colléges communaux, 4° d'institutions, 5° de pensions, 6° d'écoles primaires (1).

Comment est divisée la France sous le rapport du service militaire.

En vingt-deux divisions militaires, dont les chefs-lieux sont : Paris, Rouen, Lille, Châlons-sur-Marne, Metz, Strasbourg, Besançon, Lyon, Marseille, Montpellier, Perpignan, Toulouse, Bayonne, Bordeaux, Nantes, Rennes, Bastia, Tours, Bourges, Clermond-Ferrand, Limoges et Grenoble.

Quelle est la religion dominante en France?

La religion *catholique*. Cependant tous les cultes y sont libres, et l'on y compte environ 3 millions de protestants, et 500 mille Juifs.

Comment la France est-elle divisée sous le rapport du culte catholique?

En 85 diocèses, dont 17 archevêchés et 68 évêchés. Les diocèses sont divisés en paroisses.

Quelles sont les villes qui sont le siège d'un archevêché?

Ce sont : Paris, Cambrai, Rouen, Reims, Sens, Tours, Bourges, Besançon, Lyon, Avignon, Aix, Albi, Toulouse, Auch, Bordeaux, Rennes et Chambéry (2).

Quels sont les principaux ports militaires de la France?

Ce sont : Cherbourg, Brest, Lorient et Rochefort, sur l'Océan, et Toulon, sur la Méditerranée.

Quels sont les principaux ports marchands de la France?

Ce sont : Dunkerque, Calais, Boulogne, Dieppe, le Hàvre, Honfleur, Rouen, St-Malo, St-Brieuc et Morlaix, sur la Manche; Vannes, Nantes, les Sables-d'Olonne, la Rochelle, Bordeaux et Bayonne, sur l'Océan ; Cette, Marseille et Antibes, sur la Méditerranée.

---

(1) Les villes qui ont une académie sont: Aix, Besançon, Bordeaux, Caen, Clermont, Dijon, Douai, Grenoble, Lyon, Montpellier, Nancy, Paris, Poitiers, Rennes, Strasbourg, Toulouse, Chambéry et Alger.

(2) Les villes qui sont le siége d'un évêché sont : Arras, Bayeux, Coutances, Evreux, Séez (Orne), Chartres, Meaux, Versailles, Amiens, Beauvais, Soissons, Châlons-sur-Marne, Metz, Nancy, Strasbourg, Verdun, Saint-Dié, Saint-Brieuc, Vannes, Quimper, Nantes, le Mans, Angers, Orléans, Blois, Moulins, Troyes, Nevers, Dijon, Langres, Autun, St-Claude, Belley, Grenoble, Valence, Saint-Flour, Le Puy, Limoges, Clermont-Ferrand, Tulle, Viviers (Ardèche), Mende, Nîmes, Montpellier, Gap, Digne, Marseille, Fréjus (Var), Rodez, Cahors, Montauban, Poitiers, Angoulême, La Rochelle, Luçon (Vendée), Périgueux, Agen, Bayonne, Tarbes, Aire (Landes), Pamiers, Carcassonne, Perpignan, Ajaccio, Laval, Annecy, Nice et Alger.

Quelles sont les principales villes de guerre ou places fortes de la France?

Ce sont : Dunkerque, Lille, Douai, Cambrai, Maubeuge, Avesnes, Péronne, Paris, Rocroi, Mézières, Sedan, Thionville et Metz, sur les frontières du Nord; Strasbourg, Belfort, Besançon, Briançon, Grenoble et Lyon, sur les frontières de l'Est; Perpignan et Bayonne, sur les frontières du Sud; Rochefort, Brest et Cherbourg, sur les frontières de l'Ouest.

Quelles sont les douze principales villes de France?

Ce sont : *Paris* (1,700,000 habitants), seconde ville de l'Europe par sa population, ses richesses et son immense commerce qui s'étend dans toute la terre;

Lyon (300,000 hab.), ville très-industrieuse et très-commerçante, renommée surtout par ses étoffes de soie, d'or et d'argent;

Marseille (215,000 hab.); ville antique, célèbre par son commerce avec toutes les contrées de la terre et particulièrement avec le Levant; fabriques considérables de savon;

Bordeaux (140,000 hab.), ville très-commerçante et renommée surtout pour ses vins et ses eaux-de-vie (1);

Rouen (103,000 hab.), ville très-commerçante; nombreuses fabriques de toiles;

Nantes (110,000 hab.), une des plus belles et des plus commerçantes villes de France; nombreuses manufactures de toiles peintes;

Toulouse (110,000 hab.), ville antique et très-commerçante;

Lille (80,000 hab.), place forte, nombreuses fabriques de dentelles, de batistes et de fils;

Strasbourg (77,000 hab.), remarquable par ses nombreuses manufactures, et par le clocher de sa cathédrale qui est le plus élevé de l'Europe;

Saint-Etienne (94,000 hab.), ville nouvelle; grand commerce de houille, nombreuses manufactures d'armes à feu, fabriques de rubans;

Brest (75,000 hab.), le plus beau port militaire de l'Europe, et le plus fort de France;

---

(1) Les vins de France les plus renommés sont ceux de Bourgogne (surtout celui du clos de Vougeot) de Champagne et de Bordeaux.

Les meilleures eaux-de-vie nous viennent de Cognac (Charente-Inf.); de Bordeaux, d'Auch, de Jarnac (Charente), d'Armagnac (Gers) et des villes du Bas-Languedoc.

Toulon (85,000 hab.), une des plus belles rades de l'univers, deuxième port militaire de la France.

Quelles sont les autres principales villes de la France?

Ce sont: Metz, Orléans, Amiens, Nîmes, le Hàvre, Reims, Angers, Limoges et Roubaix, renfermant chacune environ 50 à 55,000 habitants; Caen, Montpellier, Rennes, Nancy, Clermont-Ferrand, Besançon, Avignon, Mulhouse et Nice, villes de 40 à 45,000 habitants.

Quelles sont les principales villes manufacturières de la France?

Ce sont: *Elbeuf, Louviers, Sedan, Abbeville, Montauban* et *Lodève,* pour les draps; *Lyon, St-Etienne, Avignon, et Nîmes,* pour les soieries; les *Gobelins (Seine), Aubusson* et *Beauvais,* pour les tapis; les villes de la *Flandre,* de la *Bretagne* et du *Dauphiné,* pour les toiles; *Alençon, le Puy, Tulles et Valenciennes,* pour les dentelles; *Mulhouse,* pour les toiles peintes.

Quelles sont les autres principales villes manufacturières de la France?

Ce sont: *Annonai, Angoulême* et les villes des *Vosges,* pour les papiers; *Sèvres* (Seine-et-Oise), *Limoges* et *Saint-Yrieix,* pour les porcelaines; *Sarguemines, Toul, Nevers* et *Sceaux,* pour la faïencerie; *Strasbourg, Saint-Etienne, Thiers, Langres et Châtellerault,* pour la quincaillerie et la coutellerie; les villes de la *Franche-Comté,* pour l'horlogerie; *St-Gobain* (Aisne), pour les glaces; l'*Aigle* (Orne), pour la fabrication des épingles; *Paris,* pour toute espèce de fabrications.

Quelles sont les possessions de la France hors de l'Europe?

La France possède, en *Afrique,* Alger, Constantine, Bone, Bougie et Oran, dans l'Algérie; St-Louis, dans le Sénégal, l'île de Gorée, près du Cap-Vert; Ste-Marie, près de l'île de Madagascar, et l'île de la Réunion (île Bourbon).

En *Asie,* Pondichéry, Chandernagor, Yanaon, Mahé et Karikal;

En *Amérique,* la Guiane française, sur le continent; la Guadeloupe, la Martinique, la Désirade, Marie-Galande, les Saintes, les deux tiers de l'île St-Martin, dans les Antilles; les îles St-Pierre et Miquelon, dans le golfe Saint-Laurent.

En *Océanie,* les îles Marquises et le protectorat des îles Taïti.

DES AUTRES CONTRÉES DE L'EUROPE.

Qu'est-ce que les Iles Britanniques, nommées aussi Angleterre ou Grande-Bretagne?

C'est un pays généralement froid et humide, et médiocrement fertile, mais bien cultivé. Les Anglais n'ont point de rivaux au monde pour le commerce et l'industrie (1).

Que comprennent les Iles Britanniques ?

Elles comprennent :

1° L'*Angleterre proprement dite*, capitale Londres (2,500,000 hab.), sur la Tamise, ville la plus populeuse et la plus commerçante de l'univers.

2° L'*ancien royaume d'Ecosse*, cap. Edimbourg (170,000 habitants.)

3° L'*Irlande*, cap. Dublin (270,000 hab.), et plusieurs autres petites îles.

Quelles sont les autres principales villes de l'Angleterre?

Ce sont : Manchester, Birmingham, Liverpool, Bristol, Léeds, Scheffield, Nottingham, York, Cambridge, Cantorbéry, Oxford, Portsmouth, Plimouth, Douvres, etc.

Quelles sont les possessions de l'Angleterre hors des îles Britanniques ?

Elle possède en *Europe :* les îles d'Origny, de Jersey et de Guernesey, dans la Manche; la ville et le fort de Gibraltar au sud de l'Espagne ; l'île de Malte et le protectorat des îles Ioniennes, dans la Méditerranée.

En *Asie*, l'île de Ceylan et le Bengale, comprenant une population de 50 millions d'habitants, et la ville de Malacca.

En *Afrique*, Bathurst et Fort-Saint-James, dans la Sénégambie ; l'île Sainte-Hélène, celle de l'Ascension, le cap de Bonne-Espérance, Port-Natal, et l'île Maurice ou de France.

En *Amérique*, la Nouvelle-Bretagne, les îles de Terre-Neuve et du Cap-Breton, une partie de la Guyane et 19 des îles Antilles.

En *Océanie*, la terre de Diémen, plusieurs établissements dans la Nouvelle-Hollande, dont le plus considérable est Botany-Bey, capit. Sidney.

Qu'est-ce que le Danemarck?

C'est un pays plat, humide, froid et brumeux. Il est fertile en blé, lin, tabac, pommes de terre, et surtout en pâturages.

Que comprend le Danemarck?

(1) Nous n'indiquons pas les bornes de chaque royaume, parce qu'il est facile de les apprendre au moyen des cartes géographiques.

Les définitions que nous donnons des contrées de l'Europe n'ont généralement rapport qu'à l'aspect, au climat, aux productions ou au commerce de ces contrées, parce que les autres définitions qu'on pourrait en donner seraient moins utiles.

Il comprend le *Jutland*, les duchés de *Holstein*, de *Lauembourg* et d'*Oldembourg*, faisant partie de la confédération Germanique, et plusieurs îles dont les principales sont : *Séeland*, *Fionie*, *Laland*, l'*Islande* (1) et les îles Ferroë.

Quelles sont les principales villes du Danemarck?

Ce sont : *Copenhague* (125,000 habitans), belle et forte ville dans l'île de Séeland ; *Odensée*, dans l'île de Fionie, et *Altona* dans le Holstein.

Qu'est-ce que la Suède?

La *Suède*, actuellement réunie à la Norwége, est un pays montagneux, glacé et entièrement inculte au Nord, peu fertile au midi, mais riche en mines de fer et de cuivre, et en bois de construction.

Quelles sont les principales villes de la Suède?

Stockolm (80,000 habitans), port magnifique sur la Baltique, *Gothembourg* et *Upsal*.

En Norwége, *Christiania* (20,000 habitants), et *Berghen*. Il n'y a point de ville dans la Laponie (2).

Qu'est-ce que la Russie d'Europe?

La *Russie d'Europe*, dix fois aussi grande que la France, est un pays généralement froid excepté au midi, entièrement stérile au nord, et assez fertile au sud et au milieu. Cette immense contrée, sortie de la Barbarie depuis Pierre-le-Grand (1700), exporte blé, cuirs, fourrures, bois de construction et métaux.

Quelles sont les principales villes de la Russie d'Europe?

St-Pétersbourg (500,000 habit.), sur la Néva, ville magnifique, bâtie par Pierre-le-Grand ; *Moscou* (350,000 habit.), ancienne capitale, brûlée par les Russes en 1812, et rebâtie aussitôt après ; *Riga*, bon port sur la Baltique ; *Arkangel*, sur la mer Blanche ; *Odessa*, sur la mer Noire, et *Astrakan* à l'embouchure du Volga.

En Pologne, *Varsovie* (100,000 habit.), capitale sur la Vistule ; *Lublin* et *Vilna* (3).

(1) L'Islande (50 mille habitants) est une île très-vaste, mais la rigueur du froid la rend presque entièrement stérile et inhabitable.

(2) La Laponie, située au nord de la Suède et de la Russie, est une région désolée et couverte de glaces éternelles. Les habitants, nommés Lapons sont peu nombreux, très-petits, laids, ignorants, habitent sous terre pendant l'hiver, et ne vivent que de pêche et de chasse.

(3) La Pologne, pays de trois millions d'habitants, presque tous cathol

Quelles sont les possessions de la Russie hors de l'Europe ?

La Russie possède, en *Asie*, la Sibérie, et quelques provinces au sud du Caucase; en *Amérique*, l'Amérique russe.

Qu'est-ce que la Hollande?

La *Hollande*, formant avec la Belgique, ce qu'on appelle les Pays-Bas, est un pays plat, marécageux et si peu élevé, que les habitants ont été obligés de construire des digues immenses pour le garantir des inondations de la mer. Cette contrée, froide et humide, est riche en pâturages, chanvre, lin, etc.; mais les Hollandais tirent du commerce leurs plus grandes richesses.

Quelles sont les principales villes de la Hollande ?

La *Haye* (70,000 habit.), *Amsterdam* (200,000 habit.), l'une des plus belles et des plus commerçantes villes de l'Europe; *Rotterdam, Leyde, Utrecht, Nimègue, Maëstricht*, etc.

REMARQUE. Les Hollandais possèdent en *Amérique* la Guyane hollandaise et quelques îles, et en *Océanie*, plusieurs établissements dans les îles Moluques et celles de la Sonde , dont Batavia est la capitale; cette ville, qui renferme 100,000 habitants , est la plus considérable et la plus commerçante de l'Océanie.

Qu'est-ce que la Belgique ?

C'est un pays plat, très-fertile, et possédant de nombreuses fabriques de draps, de toiles, de fils, d'armes, d'aiguilles, etc.

Quelles sont les principales villes de la Belgique ?

Bruxelles (120,000 habit.), capitale du Brabant méridional; Anvers, Gand, Liége, Namur, Tournay, Louvain, Malines, Bruges, Ypres, Courtray, etc.

Qu'est-ce que l'Allemagne?

C'est une *réunion* de plusieurs États qui, sous la présidence de l'Autriche, se sont unis pour assurer leur indépendance. Ces États, forment avec une partie de l'Autriche et de la Prusse, la *Confédération germanique.*

Quels sont les États secondaires de l'Allemagne ?

On en compte trente-sept, dont les principaux sont : 1° quatre royaumes, savoir : le *Hanovre,* capitale Hanovre (30,000 habit.) ; la *Saxe*, capit. Dresde (80,000 habit.), v. pr. Leipsick ; la *Bavière,* capit. Munich (100,000 habit.), v.

ques, formait autrefois un petit royaume qui fut partagé en 1795 entre la Russie, la Prusse et l'Autriche.

pr. Augsbourg, Nuremberg, Spire et Ratisbonne; le *Wurtemberg*, capit. Stuttgard (50,000 habit.), v. pr. Ulm.

2° La *principauté de Hesse-Electorale*, capit. Cassel.

3° Sept grands-duchés, savoir : de *Mecklembourg-Schwérin*, capit. Schwérin; de *Mecklembourg-Strélitz*, capit. Strélitz; d'*Oldembourg*, capit. Oldembourg; de *Saxe-Weimar*, capit. Weimar; de *Luxembourg*, capit. Luxembourg; de *Hesse-Darmstadt*, capit. Darmstadt, v. pr. Mayence; de *Bade*, capit. Carlsrhue.

4° Cinq duchés, savoir : ceux de *Holstein*, capit. Kiel; de *Lauembourg*, capit. Lauembourg; de *Brunswick*, capit. Brunswick; de *Saxe-Cobourg-Gotha*, capit. Cobourg; de *Nassau*, capit. Wiesbaden.

5° Quatre villes libres, savoir : Hambourg (130,000 hab.), *Lubeck*, *Brême* et *Francfort* (60,000 habit.).

Qu'est-ce que la Prusse ?

C'est un pays plat, un peu marécageux, mais généralement fertile, surtout le grand-duché du Bas-Rhin.

En combien de provinces la Prusse est-elle divisée?

En dix provinces, dont sept sont comprises dans la Confédération germanique, ce sont : 1° le *Brandebourg*, capit. Berlin (360,000 habit.) ; 2° la *Poméranie*, c. Stettin; 3° la *province de Saxe*, c. Magdebourg; 5° la *Silésie*, c. Breslau ; 5° la *Westphalie*, c. Munster; 6° le *duché de Clèves-et-Berg*, c. Cologne: 7° le *duché du Bas-Rhin*, c. Coblentz, v. pr. Trèves et Aix-la-Chapelle (1).

Quelles sont les trois provinces de la Prusse hors de la Confédération germanique ?

Ce sont : 1° la *Prusse Orientale*, c. Kœnigsberg; 2° la *Prusse Occidentale*, c. Dantzig ; 3° le *grand-duché de Posen*, c. Posen.

Qu'est-ce que la Suisse ?

C'est une confédération composée de vingt-deux cantons, qui ont chacun leur gouvernement particulier. Ce pays est, avec la Savoie et le Tyrol, le plus élevé et le plus montagneux de l'Europe; mais il est riche en pâturages, et les habitants sont très-industrieux.

Quelles sont les principales villes de la Suisse ?

Ce sont : Berne (25,000 habit.), Bâle (25,000 habit.), Genève (33,000 habit.), Zurich, Lausanne, (capitale du canton

---

(1) Les duchés de Clèves-et-Berg et du Bas-Rhin sont réunis à la Prusse sous le nom de Provinces-Rhénanes.

de *Vaud*), Fribourg, Lucerne, Neufchâtel, Soleure et Sion, (capit. du *Valais*).

Que comprend l'empire d'Autriche?
Il comprend les pays *allemands* qui font partie de la Confédération germanique, les pays *polonais*, les pays *hongrois* et les pays *italiens*.

Quelles provinces comprennent les pays allemands?
Les pays allemands comprennent : 1° l'*archiduché d'Autriche*, c. Vienne (400,000 habit.) ; 2° la *Moravie*, c. Brunn ; 3° le *royaume de Bohême*, c. Prague (100,000 habit.) : 4° le *Tyrol*, v. pr. Inspruck et Trente ; 5° l'*Illyrie*, c. Layback ; 6° la *Styrie*, c. Gratz.

Quelles provinces comprennent les pays polonais?
Ils comprennent : 1° la *Galicie*, c. Lemberg ; 2° l'ancienne république de *Cracovie*, c. Cracovie.

Quelles provinces comprennent les pays hongrois?
Ils comprennent : 1° le royaume de *Hongrie*, v. pr. Pesth, Presbourg et Bude ; 2° la *Sclavonie*, c. Eszeck ; 3° la *Croatie*, c. Agram ; 4° la *Transylvanie*, c. Hermanstadt; 5° la *Dalmatie*, c. Zara.

Quelles provinces comprennent les pays italiens?
Ils comprennent : 1° le *royaume Lombardo-Vénitien*, c. Milan (200,000 habit.), v. pr. Crémone et Mantoue ; 2° l'ancienne *république de Venise*, c. Venise (100,000 habit.), v. pr. Vérone, Vicence, Padoue et Trévise.

Qu'est-ce que l'Espagne ?
L'*Espagne*, traversée par un grand nombre de chaînes de montagnes, est un pays chaud et fertile, mais mal cultivé. Elle produit d'excellents vins et des laines très-fines ; les orangers, les citronniers et les figuiers y sont innombrables.

Quelles provinces l'Espagne comprend-elle?
Elle comprend quinze provinces, dont plusieurs portent le nom de royaumes (1), ce sont : la *Galice*, c. St-Jacques-de-Compostelle ; les *Asturies*, c. Oviédo ; la *Biscaye*, capit. Bilbao ; la *Navarre*, c. Pampelune, v. pr. Salamanque et Valadolid ; la *Vieille-Castille*, c. Burgos ; la *Nouvelle-Castille*, c. Madrid (250,000 habit.), v. pr. Tolède ; l'*Estramadure*, c. Badajoz ; l'*Andalousie*, c. Séville (100,000 habit.) , v. pr. Cordoue et Cadix ; le *royaume de Grenade*, c. Gre-

____

(1) Actuellement l'Espagne est divisée en 48 provinces dont la plupart portent le nom de leur chef-lieu.

nade (80,000 habit.), v. pr. Malaga, célèbre par ses bons vins; le *royaume de Murcie*, c. Murcie, v. pr. Carthagène ; l'*Aragon*, c. Sarragosse (100,000 habit.) ; la *Catalogne*, c. Barcelone (160,000 habit.) ; le *royaume de Valence*, c. Valence (100,000 habit.), v. pr. Alicante, renommée pour ses bons vins; et les *îles Baléares*, qui sont : Majorque, c. Palma ; Minorque, c. Port-Mahon ; Iviça, c. Iviça.

L'Espagne n'a-t-elle pas d'autres possessions hors de l'Europe?

Au dix-septième siècle, l'Espagne possédait d'immenses colonies ; aussi le roi d'Espagne disait avec vérité que le soleil ne se couchait pas sur ses Etats; mais tout cela a bien changé. Elle possède aujourd'hui, en *Afrique*, la ville de Ceuta et les îles Canaries; en *Amérique*, les îles de Cuba et de Porto-Rico, et en *Océanie*, les Philippines et les Mariannes.

Qu'est-ce que le Portugal ?

C'est un pays chaud, fertile et assez industrieux, mais sujet à des tremblements de terre.

Quelles sont les principales villes du Portugal.

Lisbonne (260,000 habitants), sur le Tage, port très-commerçant ; Porto, Coïmbre, Evora, Bragance, etc. Les Portugais possèdent plusieurs établissements en Afrique, en Asie et en Océanie.

Qu'est-ce que l'Italie?

L'Italie est la plus agréable et la plus fertile contrée de l'Europe; mais le commerce et l'industrie y sont encore peu développés.

Quels états comprend l'Italie?

Elle comprend quatre principaux Etats et trois duchés, savoir :

1º Les *Etats-Sardes*, comprenant eux-mêmes le Piémont, capitale Turin (140,000 habitants); les ETATS DE GÈNES, capitale Gênes (140,000 habitants); et l'ILE DE SARDAIGNE, capitale Cagliari.

2º Le royaume de *Lombardie*, capitale Milan (180,000 habitants).

3º Le *royaume des Deux-Siciles*, capit. Naples (400,000 habitants); villes principales : Reggio, Tarente, Capoue, Salerne, Bénévent (qui appartient au pape), Palerme (170,000 hab.) cap. de l'ILE DE SICILE, Messine, Catane, Syracuse, etc.

4º Le *grand duché de Toscane*, capit. Florence (100,000

habitants); villes principales : Livourne, Pise, Sienne et Lucques.

5° Le *duché de Parme*, cap. Parme (40,000 hab.); ville principale : Plaisance.

6° Le *duché de Modène*, cap. Modène (30,000 habitants); v. pr. : Reggio et Mirandole.

7° La *Vénétie*, capitale Venise, appartient à l'Autriche.

8° Les *Etats de l'Eglise*, cap. Rome (175,000 hab.), sur le Tibre, capitale du monde chrétien.

Qu'est-ce que la Turquie d'Europe?
C'est un pays chaud et fertile, quoique montagneux, mais mal cultivé, et l'industrie y est très-peu développée.

Quelles sont les principales villes de la Turquie d'Europe?
Constantinople (800,000 habitants), bâtie par Constantin-le-Grand, dans une situation la plus agréable du monde; *Andrinople* (100,000 hab.), *Salonique* ou *Thessalonique*, *Belgrade*, *Gallipoli*, etc.

Qu'est-ce que la Grèce?
La *Grèce*, séparée de la Turquie depuis 1827, est un pays très-chaud, médiocrement fertile et très-montagneux.

Quelles sont les principales villes de la Grèce?
Athènes, ville autrefois célèbre, mais bien déchue (20,000 habitants), *Thèbes*, *Lépante*, *Corinthe* et *Mistra* (autrefois Sparte).

Quels sont les gouvernements des différents Etats de l'Europe?
Presque tous les gouvernements des Etats de l'Europe sont maintenant constitutionnels, à l'exception de ceux du Danemarck et de la Russie, qui sont encore absolus.

Quelles sont les différentes religions professées en Europe?
Le *catholicisme* domine en France, en Espagne, en Portugal, en Irlande, en Belgique, en Bavière, en Pologne, et dans tous les Etats italiens.

Le *protestantisme*, divisé en plus de cent sectes différentes, domine en Angleterre, en Ecosse, en Hollande, en Danemarck, en Suède, en Prusse et dans presque toute l'Allemagne.

La *religion schismatique grecque* domine en Russie et en Grèce. Dans la Turquie d'Europe, les deux tiers des habitants sont *schismatiques grecs*, les autres sont *mahométans*.

cependant on trouve un assez bon nombre de catholiques et quelques juifs dans toutes ces contrées (1).

Population des divers États de l'Europe.

	habitants.		habitants
France.	37,000,000	Suisse.	2,500,000
Iles Britanniques.	28,000,000	Espagne.	16,000,000
Danemarck.	3,000,000	Portugal.	4,000,000
Suède.	4,000,000	États-Sardes.	5,000,000
Russie d'Europe.	65,000,000	Roy. des Deux-Siciles.	8,000,000
Hollande.	3,500,000	États de l'Église.	3,000,000
Belgique.	4,000,000	Grand-duché de Toscane.	2,000,000
États secondaires d'Allemagne.	35,000,000	Duché de Parme.	300,000
		Duché de Modène.	500,000
Prusse.	15,000,000	Turquie d'Europe	10,000,000
Autriche.	35,000,000	Grèce.	1,000,000

DE L'ASIE.

Qu'est-ce que l'Asie ?

L'*Asie* est, après l'Amérique, la plus vaste des cinq parties du monde ; elle est aussi la plus peuplée ; mais elle est bien inférieure à l'Europe, sous le rapport de la civilisation, des sciences et des arts.

Quel est le climat de l'Asie ?

L'*Asie*, à cause de son immense étendue, offre tous les climats ; elle est glacée au nord, tempérée au milieu, et brûlante au midi.

Cette partie du monde est-elle bien fertile ?

L'*Asie* offre de grandes contrées entièrement stériles, telles que les immenses plaines de la Sibérie et les déserts de Cobi, de l'Arabie et de la Tartarie. Les autres contrées, surtout la Chine et les bords du Gange et du Cambodje, sont d'une fertilité inconnue dans les autres parties du monde. On y recueille particulièrement, riz, bananes, dattes, cocos, figues, sucre, épices, coton, soie, etc.

Quel est le caractère des Asiatiques ?

Les *Asiatiques* sont en général efféminés, oisifs et volup-

(1) On trouve encore en Europe un très-petit nombre d'idolâtres, ce sont les Lapons et les Samoïèdes. Ces derniers, qui ressemblent aux Lapons, habitent les îles de la Nouvelle-Zemble.

tueux ; ils sont ignorants, superstitieux, et leurs souverains ont tous une autorité absolue et despotique.

Quelles sont les bornes de l'Asie ?

L'Asie est bornée au *nord* par l'Océan Glacial, à l'*ouest* par les monts Ourals, la mer Caspienne, la Méditerranée et la mer Rouge, au *sud* par la mer des Indes et l'Océanie, et à l'*est* par l'Océan Pacifique.

Comment divise-t-on l'Asie ?

En onze parties principales, savoir :

1° La *Sibérie* ou *Russie d'Asie*, cap. Tobolsk ;

2° Le *Turquestan* ou *Tartarie indépendante*, **v. pr. Bou**kara ;

3° La *Turquie d'Asie*, **v. pr.** Smyrne, Alep, Damas, Jérusalem et Bagdad.

4° L'*Empire de Perse*, cap. Théhéran ;

5° L'*Afganistan* ou *Caboul*, **v. pr.** Caboul ;

6° L'*Empire Chinois* (1), cap. Pékin ;

7° L'*Empire du Japon*, cap. Yédo ;

8° L'*Arabie*, **v. pr.** La Mecque, Médine et Moka :

9° Le *Royaume du Bélouchistan*, cap. Kélat ;

10° L'*Indoustan*, **v. pr.** Calcutta ;

11° L'*Indochine*, **v. pr.** Bankock ;

Que comprend l'Indoustan ?

Il comprend :

1° Les *États indépendants*, **v. pr.** Lahore (100,000 hab.) ;

2° Les *Possessions anglaises*, **v. pr.** Calcutta (1,000,000 h.) ; capitale du Bengale ; **v. pr.** Benarès (600,000 h.), et Delhi (300,000 h.), sur le Gange ; Madras (500,000 h.), sur la côte de Coromandel ; Bombay (200,000 h.) sur la côte de Malabar, etc.

3° Les *États tributaires* des Anglais, **v. princ.** Laknau (300,000 h.) ;

4° Les *Possession françaises*, **v. pr.** Pondichéry ;

5° Les *Possessions portugaises*, cap. Goa.

Que comprend l'Indochine ?

Il comprend :

1° L'*empire de Birman*, cap. Ava ;

2° Le *royaume de Siam*, cap. Bankok.

---

(1) L'empire chinois comprend la *Chine* dont les principales villes sont Pékin (1,500,000 h.) ; Nankin (800,000 h.), et Canton (600,800 h.), seul port ouvert aux Européens ; 2° la *Tartarie Chinoise* qui comprend elle-même, le Boutan, le Thibet, la Petite-Boukarie, la Mongolie, la Mantchourie et la Corée.

3° La *Presqu'île de Malacca*, v. pr. Malacca ; *l'empire d'Anam*, comprenant lui-même le TONKIN, le LAHOS, le CABODJE, la COCHINCHINE, etc.

Quelles sont les principales îles de l'Asie ?

Ce sont : les îles de *Chypre* et de *Rhodes*, dans la Méditerranée ; l'île de *Ceylan*, au sud de l'Indoustan ; *Haïnan, Formose*, et les îles du Japon, dont les principales sont l'île *Nyphon*, cap. Yédo (1,000,000 d'hab.), v. pr. Miaco (600,000 hab.) ; l'île *Yéso*, cap. Nangasaki, seul port ouvert aux Européens ; l'île Sikok et le midi de l'île *Tarrakaï*.

Quelles sont les principales presqu'îles de l'Asie ?

Ce sont : la presqu'île de Kara, l'Indoustan, Malacca et la Corée ?

Quel est le principal cap de l'Asie ?

C'est le cap Comorin, au sud de l'Indoustan.

Quelles sont les principales montagnes de l'Asie ?

Ce sont : les *monts Taurus* et le *mont Liban*, dans la Turquie ; les montagnes de l'*Altaï*, au nord de l'Empire chinois, et les monts *Hymalayas*, ou Plateau du Thibet.

Quels sont les monts les plus remarquables de l'Asie ?

Ce sont : 1° le mont *Dawalagiri*, dans la chaîne de l'Himalaya. Ce pic (1), le plus élevé du globe, a neuf kilomètres au-dessus du niveau de la mer ; 2° le mont *Arara*, où l'Arche s'arrêta après le déluge, en Perse ; 3° le mont *Thabor* et le mont *Carmel*, dans la chaîne du Liban ; 4° le mont *Sinaï* et le mont *Horeb*, au nord-ouest de l'Arabie.

Quels sont les principaux golfes de l'Asie ?

Ce sont : le golfe d'Obi, le golfe Arabique ou mer Rouge, et les golfes Persique, d'Oman, du Bengale, de Siam, de Corée et de Tarrakaï.

Quels sont les principaux détroits de l'Asie ?

Ce sont : le détroit de *Babel-el-Mandeb*, à l'entrée de la mer Rouge ; celui d'*Ormuz*, à l'entrée du golfe Persique ; le détroit de *Palk*, entre l'Indoustan et l'île de Ceylan ; le détroit de *Malacca*, au sud de cette presqu'île ; celui de *Béring*, entre la Sibérie et l'Amérique ; celui de *La Peyrouse* et la *Manche de Tartarie*, au Nord de la mer du Japon.

Quels sont les principaux lacs de l'Asie ?

Ce sont : la mer d'Aral, dans le Turquestan, et le lac Asphaltite, ou mer Morte, dans la Palestine ou Terre-Sainte, au sud de la Turquie d'Asie.

---

(1) On appelle pic une haute montagne terminée en pointe.

Quels sont les principaux fleuves de l'Asie ?

Ce sont : l'*Obi*, le *Jénissey* et le *Léna*, en Sibérie ; l'*Euphrate*, grossi du Tigre, dans la Turquie ; l'*Indus*, le *Gange* et le *Cambodje*, dans les Indes ; le fleuve *Bleu*, le fleuve *Jaune*, et le *Séghalien*, dans l'empire Chinois.

Quelles sont les principales religions professées en Asie ?

Le mahométisme domine dans la Turquie, l'Arabie, le Turquestan, la Perse, le Caboul et le Bélouchistan, et l'idolâtrie dans toutes les autres contrées. Les nouveaux habitants russes de la Sibérie sont chrétiens.

Population des diverses contrées de l'Asie.

	habitants.		habitants.
Sibérie	3,000,000	Bélouchistan	3,000,000
Turquestan	5,000,000	Indoustan	120,000,000
Turquie d'Asie	12,000,000	Indochine	40,000,000
Arabie	12,000,000	Empire chinois	300,000,000
Perse	10,000,000	Japon	35,000,000
Afganistan	8,000,000		

DE L'AFRIQUE.

Qu'est-ce que l'Afrique ?

L'*Afrique* est une immense presqu'île encore peu connue, dont le tiers environ est couvert par d'immenses déserts de sables brûlants, sans verdure ni végétation. La chaleur y est partout excessive, et la fertilité prodigieuse partout où il y a de l'humidité.

Quels sont les principaux arbres fruitiers de l'Afrique et les principaux animaux ?

Parmi les *arbres fruitiers* on remarque le palmier-dattier, le cocotier, le bananier, le figuier, etc. : et les *animaux* les plus remarquables sont : le chameau, l'éléphant, le lion, le tigre, le léopard, le rhinocéros, le crocodile, le boa, la girafe, l'autruche, etc.

Quelles sont les mœurs des habitants de l'Afrique ?

Les *Africains* ont, en général, des mœurs dissolues ; ils sont presque tous nègres, sauvages ou à demi-civilisés, à l'exception de ceux de l'Égypte, de la Nubie, de l'Abyssinie, de la Barbarie et des établissements européens. Ils sont, comme les Asiatiques, presque tous soumis à des gouvernements despotiques.

Quelles sont les bornes de l'Afrique ?

L'Afrique est bornée au *nord* par la Méditerranée, à l'*ouest* par l'Atlantique, au *sud* par l'Océan Austral, et à l'*est* par la mer des Indes, la mer Rouge et l'isthme de Suez

Comment divise-t-on l'Afrique ?

En 17 parties principales, savoir :

1° La *Barbarie*, comprenant les Etats de TRIPOLI, de TUNIS, d'ALGER, et l'EMPIRE DE MAROC, lesquels portent tous le nom de leur capitale.

2° Le *Grand Désert de Sahara*, pays stérile et inconnu ;

3° La *Sénégambie* (ou Sénégal), v. pr. St-Louis;

4° La *Guinée Septentrionale*, v. pr. Benin;

5° La *Guinée Méridionale* ou *Congo*, v. pr. Sansalvador ;

6° La *Cafrerie*, comprenant la Cimbébasie, le pays des Hottentots et d'immenses contrées inconnues ;

7° La *Colonie* du cap de Bonne-Espérance, c. le Cap ;

8° Le *Monomotapa*, v. pr. Zimbaoé et Sofala ;

9° Le *Mozambique*, v. pr. Mozambique ;

10° Le *Zanguebar*, v. pr. Mélinde ;

11° La *Côte-d'Ajan*, pays stérile qui n'a aucune ville ;

12° La *Côte-d'Adel*, v. pr. Zeila ;

13° Le *Soudan* ou *Nigritie*, v. pr. Tombouctou sur le Niger, et Bornou près du lac de Nigritie ;

14° L'*Abyssinie*, c. Gondar ;

15° La *Nubie*, c. Dongola ;

16° L'*Egypte*, c. le Caire (200,000 habit.), v. pr. Alexandrie, Rosette, Damiette et Suez;

17° L'*île de Madagascar*, v. pr. Tannerive.

Quelles sont les principales montagnes de l'Afrique ?

Ce sont : les *monts Atlas*, au sud de la Barbarie ; les *monts de la Lune*, au sud de la Nigritie, et les *monts Abyssins*, dans l'Abyssinie.

Quels sont les principaux fleuves de l'Afrique ?

Ce sont : le *Nil*, qui débouche dans la mer Méditerranée, le *Sénégal* et la *Gambie*, qui se jettent dans l'Atlantique ; le *Niger* et le *Zaïre* ou *Congo*, qui se déchargent dans le golfe de Guinée, et le *Zembèze*, qui se jette dans le canal de Mozambique.

Quelles sont les différentes religions professées en Afrique ?

Le *mahométisme* domine dans l'Egypte, la Nubie, la Barbarie, le Sahara, la Nigritie et la Sénégambie, et l'*idolâtrie* dans toutes les autres contrées, à l'exception de l'Abyssinie, dont la plupart des habitants sont, comme les Cophtes d'E-gypte, chrétiens jacobites (1).

Population des diverses contrées de l'Afrique.

	habitants.		habitants.
Egypte.	4.000,000	Le Cap.	1,000,000
Royaume de Tripoli.	3,000,000	Monomotapa.	4,000,000
Royaume de Tunis.	4,000,000	Mozambique.	4,000,000
Royaume d'Alger.	5,000,000	Zanguebar.	3,000,000
Empire de Maroc.	9,000,000	Côte-d'Ajan.	1,000,000
Sahara.	2,000,000	Royaume d'Adel.	2,000,000
Sénégambie.	8,000,000	Abyssinie.	5,000,000
Guinée septentrionale	6,000,000	Nubie.	4,000,000
Guinée méridionale.	4,000,000	Nigritie.	15,000,000
Cafrerie.	5,000,000	Ile de Madagascar.	4,000,000

DE L'AMÉRIQUE.

Qu'est-ce que l'Amérique ?

L'*Amérique*, appelée Nouveau-Monde, parce qu'elle n'a été découverte par Christophe Colomb qu'en 1492, est la plus grande des cinq parties du monde. Elle se divise en deux grandes parties : l'Amérique septentrionale et l'Amérique méridionale, jointes ensemble par l'isthme de Panama.

Quel est le climat de l'Amérique?

Ce vaste continent, s'étendant presque d'un pôle à l'autre, offre tous les climats et toutes les productions des autres parties du monde; nulle part les métaux précieux sont aussi abondants.

A quelles races différentes appartiennent les habitants de l'Amérique ?

Parmi les habitants de ce vaste continent, environ 35 millions appartiennent à la race *blanche européenne*, 15 millions à la race *jaune américaine;* les autres proviennent des *nègres* transportés d'Afrique.

Quel est le caractère des Américains?

Le *Américains indigènes*, qui sont peu nombreux, sont encore, pour la plupart, sauvages, retirés dans les montagnes, grands chasseurs et cruels ; leur obstination à fuir les Européens empêche les progrès de leur civilisation. Les autres ,

(1) Ces chrétiens professent une espèce de christianisme défiguré par une foule de pratiques juives et superstitieuses.

qui, en grande, partie descendent des *Européens*, en ont les mœurs et les usages.

Quelles sont les bornes de l'Amérique?
L'Amérique est bornée au *nord*, par l'Océan glacial arctique, sans qu'on puisse exactement en déterminer les limites à cause de la rigueur du froid ; à l'*ouest*, par l'Océan Pacifique ; au *sud*, par le détroit de Magellan, et à l'*est* par l'Atlantique.

Comment divise-t-on l'Amérique septentrionale?
En sept parties principales, savoir :
1° L'*Amérique russe*, pays glacé et tout-à-fait stérile ;
2° Le *Croënland*, île déserte et glacée dont on ne connaît que les côtes du sud ;
3° La *Nouvelle-Bretagne*, v. pr. Québec et Montréal ;
4° Les *Etats-Unis*, v. pr. Wasinghton, Boston, New-York, Philadelphie, Baltimore, Cincinnati, Charleston et la Nouvelle-Orléans ;
5° La *Confédération du Mexique*, v. pr. Mexico ;
6° La *Confédération de Guatemala* ou de l'*Amérique centrale*, c. Guatemala ;
7° Les *Antilles*, dont les principales îles sont : Cuba, Haïti et la Jamaïque.
Comment divise-t-on l'Amérique méridionale?
En dix parties principales, savoir :
1° La *Colombie* (comprenant la RÉPUBLIQUE DE LA NOUVELLE-GRENADE, c. Santa-Fé-de-Bogota ; celle de VÉNÉZUÉLA, c. Caracas, et celle de l'EQUATEUR, c. Quito) ;
2° La *Guyane*, v. pr. Cayenne ;
3° La *République du Pérou*, c. Lima ;
4° La *République de Bolivia* ou du *Haut-Pérou*, c. La Plata ;
5° La *République du Chili*, c. Sant-Iago ;
6° L'*Empire du Brésil*, c. Rio-Janeïro ;
7° Le *Dictatorat du Paraguay*, c. l'Assomption ;
8° La *République de l'Uruguay*, c. Montevidéo ;
9° Les *Etats-Unis du Rio-de-la-Plata*, c. Buénos-Ayres ;
10° La *Patagonie*, pays sans importance qui n'a aucune ville.

Quelles sont les principales îles de l'Amérique?
Ce sont : les *îles Aléoutiennes*, la *Terre-de-Baffin*, l'*île de Terre-Neuve*, les *Bermudes* et les *Lucayes* dans l'Amérique du nord ; *Cuba*, *Haïti*, *Jamaïque*, *Porto-Rico*, etc., dans les grandes Antilles ;

La *Guadeloupe*, la *Martinique*, la *Trinité*, etc., dans les petites Antilles ;

La *Terre-de-Feu* et celle *des États*, dans l'Amérique du sud.

Quelles sont les principales presqu'îles de l'Amérique ?
Ce sont : la Vieille-Californie, l'Yucatan, la Floride, la Nouvelle-Écosse, le Labrador et la presqu'île d'Alaska.

Quels sont les principaux caps de l'Amérique ?
Ce sont le cap *Breton*, à l'est de l'Amérique du Nord ; le cap *Saint-Roch*, à l'est de l'Amérique du Sud, et le cap *Horn*, au sud de la Terre-de-Feu.

Quelles sont les principales chaînes de montagnes de l'Amérique ?
Ce sont : 1° les *Andes* ou *Cordilières* qui longent l'Amérique du nord au sud ; le point le plus élevé de cette chaîne est le mont Chimboraço dans la Colombie, lequel a 6,600 mètres de haut ;

2° Les *Monts Rocheux*, dans les États-Unis ;

3° Les *Monts Brésiliens*, dans le Brésil.

Quels sont les principaux golfes de l'Amérique ?
Ce sont : le *golfe du Mexique*, formé par la mer des Antilles ; le *golfe de Californie* ou *mer Vermeille*, le *golfe Saint-Laurent* et la *baie d'Hudson*.

Quels sont les principaux lacs de l'Amérique ?
Ce sont : les lacs *Supérieur* et de *Michigan*, au nord des États-Unis, et le lac *Nicaraga*, dans le Guatemala.

Quels sont les principaux fleuves de l'Amérique ?
Ce sont : le fleuve *Saint-Laurent* et le *Mississipi* grossi du Missouri, dans l'Amérique du Nord ; l'*Orénoque*, le *fleuve des Amazones* (le plus grand de l'univers), et *la Plata*, dans l'Amérique du sud.

Population des diverses contrées de l'Amérique.

	habitants.		habitants.
Groënland.	20,000	Républ. de l'Équateur.	1.500,000
Amérique russe.	50,000	Guyane.	2,000,000
Nouvelle-Bretagne.	3,000,000	Pérou.	3,000,000
États-Unis.	22,000,000	Haut-Pérou.	2,000,000
Mexique.	8,000,000	Chili.	2,000,000
Guatemala.	3,000,000	Brésil.	7,000,000
Antilles.	4,000,000	Paraguay.	1,000,000
République de la Nou-		Uruguay.	500,000
velle-Grenade.	2,000,000	La Plata.	3,000,000
Républ. de Vénézuela.	1,500,000	Patagonie.	300,000

DE L'OCÉANIE.

De quoi se compose l'Océanie ?

L'*Océanie* se compose du continent la *Nouvelle-Hollande*, dont tout l'intérieur est inconnu, et d'un nombre incalculable d'îles qui ont été successivement découvertes depuis 1520.

Quel est le climat de l'Océanie ?

Le *climat* de l'Océanie est excessivement chaud, et la plupart des îles très-fertiles en aromates, sucre, café, riz, oranges, cocos, dattes, bananes, girofles, figues, canelles, noix-muscades, coton, soie, etc.

A quelles races appartiennent les habitants de l'Océanie?

Les habitants de l'Océanie appartiennent à deux races distinctes : les *malais* qui sont une variété de la race jaune, et les *nègres océaniens* qui habitent la Nouvelle-Hollande, et semblent former la race d'hommes les plus stupides, les plus grossiers et les plus misérables qu'il y ait au monde. Quelques-unes des peuplades de l'Océanie sont antropophages.

Quelle est la religion des habitants de l'Océanie ?

Les *Océaniens* sont encore plongés dans l'idolâtrie la plus grossière, à l'exception des habitants de quelques îles de la Malaisie qui sont mahométans.

En combien de parties peut-on diviser l'Océanie !

En quatre parties principales, savoir : la *Malaisie*, l'*Australie*, la *Micronésie* et la *Polynésie*. Ces quatre parties comprennent une multitude innombrables d'îles.

Quelles sont les principales îles de l'Océanie?

Ce sont, dans la *Malaisie* : les Philippines, les Célèbes, les Moluques, surnommées les Iles-aux-Epices ; l'île de Bornéo, la plus grande du monde, et les îles de la Sonde, dont les principales sont Sumatra et Java.

Dans l'*Australie* (outre le continent la Nouvelle-Hollande), la Nouvelle-Guinée, la terre de Diémen et la Nouvelle-Zélande, dont les deux principales îles, situées presque sous la France, sont séparées par le détroit de Cook.

ABRÉGÉ

DE

COSMOGRAPHIE.

Qu'est-ce que la Cosmographie?
C'est la description de l'univers.
Qu'est-ce que l'univers?
L'*univers* est l'ensemble de tout ce qui existe dans l'espace sans bornes où se perd notre imagination.
Qu'est-ce que les astres?
Ce sont les *corps* qui nous paraissent suspendus dans la voûte céleste.
Combien y a-t-il de sortes d'astres?
Il y en a de deux sortes : les uns sont fixes, tels que les *étoiles* et le *soleil*; et les autres tournent autour du soleil, ce sont les *planètes*, les *satellites* ou *lunes* et les *comètes*.

DES ÉTOILES, DU SOLEIL ET DES PLANÈTES.

Qu'est-ce que les étoiles?
Ce sont des *astres fixes* et lumineux par eux-mêmes; on croit que ce sont autant de soleils.
D'où vient que les étoiles nous paraissent si petites quoiqu'elles soient d'un volume énorme?
C'est à cause de leur distance incalculable. Les plus rapprochées de la Terre sont 400 mille fois plus éloignées de nous que le soleil.
Le nombre des étoiles est-il considérable?
Le *nombre* des étoiles est incalculable, et celles que nous ne voyons pas sont encore plus nombreuses que celles que nous voyons.
Qu'est-ce que le soleil?
C'est un *astre lumineux* par lui-même, et qui est un million trois cent mille fois plus gros que la terre, dont il est éloigné d'environ 15 millions de myriamètres (34 millions de lieues).

Qu'est-ce que les planètes ?

Ce sont des *astres errants*, et qui ne nous paraissent lumineux que parce qu'ils réfléchissent vers nos yeux, la lumière qu'ils reçoivent du soleil.

Combien connaît-on de planètes ?

On en connaît 21 dont les principales sont : Mercure, Vénus, la Terre Mars, Jupiter, Saturne, Uranus et Neptune.

DE LA TERRE.

Qu'est-ce que la Terre ?

C'est la *planète* que nous habitons ; elle a la forme d'un globe ou boule, un peu aplatie vers ses deux pôles.

Qu'est-ce que les pôles de la Terre ?

Ce sont les extrémités de la ligne droite, appelée *axe*, sur laquelle la Terre tourne.

La Terre est-elle immobile, comme le croyaient les anciens ?

Non ; depuis le milieu du XV\ siècle, on a découvert que la Terre a, comme toutes les autres planètes, deux mouvements : l'un sur elle-même, en vingt-quatre heures, ce qui produit le *jour*, et l'autre autour du soleil en 365 jours et à peu près six heures, ce qui produit l'*année* (1).

Dans quel sens la Terre tourne-t-elle ?

Elle tourne d'*Occident* en *Orient*, c'est pour cela qu'il nous semble voir tourner les astres d'Orient en Occident.

Quelle est la vitesse de la Terre dans ses différents mouvements ?

Autour d'elle-même, la Terre parcourt (à l'équateur) 460 mètres par seconde (1 degré en 4 minutes ou 15 degrés par heure), et au tour du soleil, environ 3 myriamètres.

Qu'est-ce qui produit la succession périodique des saisons et l'inégalité des jours et des nuits ?

C'est le mouvement de la Terre autour du soleil, et l'inclinaison de son axe à l'égard du plan de son orbite, jointe à la direction constante de cet axe vers l'étoile polaire (2).

Quelle est la grosseur de la terre ?

---

(1) Ces six heures produisent un jour de plus tous les quatre **ans**, et l'année qui les reçoit se nomme bissextile.

(2) L'orbite de la Terre, appelée aussi Écliptique, n'est autre chose que le cercle que la Terre parcourt dans son mouvement annuel.

REMARQUE : A l'équateur, tous les jours sont constamment de douze heures, mais ils vont en augmentant ou en diminuant depuis l'équateur jusqu'aux pôles, où il n'y a qu'un jour et qu'une nuit par an, chacun de six mois.

La *Terre* a environ 1,300 myriamètres de diamètre (3,000 lieues), et 4,000 de circonférence (9,000 lieues) (1).

DES DIFFÉRENTS CERCLES DE LA SPHÈRE OU BOULE, ET DES ZONES.

Qu'a-t-on imaginé pour déterminer la position des divers pays de la Terre ?

On a imaginé sept principaux cercles, qui sont : l'*horizon*, le *méridien*, l'*équateur*, les deux *tropiques* et les deux *cercles polaires*.

Qu'est-ce que l'horizon (rationnel) ?

C'est un grand cercle qui partage la terre en deux hémisphères (moitiés de sphère ou boule), l'un supérieur et l'autre inférieur.

Y a-t-il plusieurs horizons différents ?

Chaque point de la surface de la terre est le *centre* d'un horizon particulier.

Qu'est-ce que l'horizon sensible ou visuel ?

C'est le cercle qui *borne* notre vue lorsque nous sommes en pleine campagne.

Qu'appelle-t-on zénith et nadir ?

On appelle *zénith* le point du ciel qui répond perpendiculairement au-dessus d'un point quelconque de la surface de la terre, et *nadir* le point opposé.

Qu'est-ce que les méridiens ?

Ce sont de grands cercles de la sphère qui passent par les pôles de la terre, et divisent le globe en deux parties égales, l'une orientale et l'autre occidentale (2).

Pourquoi le méridien est-il ainsi appelé ?

Parce qu'il est *midi* en même temps pour tous les points situés sous le même demi-méridien qui va d'un pôle à l'autre.

Combien compte-t-on de méridiens ?

On en compte 360, selon la division du cercle, lequel se partage en 360 parties égales qu'on appelle degrés.

Qu'est-ce que l'équateur ou ligne équinoxiale ?

C'est un grand cercle qui entoure le globe à égale distance des deux pôles.

---

(1) La surface de la Terre est de 510 trillions de mètres carrés ; son volume de 1100 quintillions de mètres cubes, et son poids de 5500 sextillions de kilogrammes.

(2) On appelle aussi quelquefois méridiens les demi-méridiens, qui vont d'un pôle à l'autre.

Qu'est-ce que les tropiques ?

Ce sont deux petits cercles de la sphère parallèles à l'équateur, et qui en sont éloignés de 23 degrés et demi.

Quel est le nom particulier de chaque tropique ?

Celui qui est vers le nord s'appelle tropique du *Cancer*, et celui qui est vers le sud, tropique du *Capricorne*.

Qu'est-ce que les cercles polaires ?

Ce sont deux petits cercles de la sphère parallèles à l'équateur, et éloignés des pôles de 23 degrés et demi.

Qu'est-ce qu'une zone ?

C'est un espace compris entre deux cercles parallèles de la sphère.

En combien de zones les tropiques et les cercles polaires divisent-ils la surface de la terre ?

En cinq zones, savoir : la *Torride* (brûlante), comprise entre les deux tropiques et divisée en deux parties égales par l'équateur ; les *deux tempérées*, entre chaque tropique et le cercle polaire correspondant, et les *deux glaciales*, entre chaque cercle polaire et le pôle adjacent.

Combien chacune de ces zones a-t-elle de degrés de large ?

La zone *torride* a environ 47 degrés de large, chacune des *deux tempérés*, 43, et chacune des *deux glaciales*, 23 et demi.

DES LATITUDES ET DES LONGITUDES.

Qu'est-ce que la latitude d'un lieu ?

C'est la *distance* de ce lieu à l'équateur exprimée en degrés.

Qu'est-ce qu'un degré de latitude ?

C'est la 360° partie d'un méridien.

Sur quels cercles mesure-t-on les degrés de latitude ?

Sur les *méridiens*, et la longueur de chacun est de 111 kilomètres (25 lieues).

Combien y a-t-il de sortes de latitudes ?

De deux sortes : la *latitude septentrionale* et la *latitude méridionale*.

A quel point du globe est la plus grande latitude ?

A 90 degrés de l'équateur, c'est-à-dire aux pôles.

Qu'est-ce que la longitude d'un lieu ?

C'est la *distance* de ce lieu au premier méridien exprimée en degrés.

Qu'est-ce que le premier méridien ?
C'est un *méridien ordinaire* choisi à volonté.

En France, on prend pour premier méridien celui qui passe par l'observatoire de Paris.

Combien y a-t-il de sortes de longitudes ?
De deux sortes : l'*orientale* et l'*occidentale*.

Combien compte-t-on de degrés de longitude à l'est et à l'ouest de Paris ?
On en compte 180 à l'est, et 180 à l'ouest.

Quel est le point de départ des latitudes et celui des longitudes ?
Le point de départ des latitudes est l'*équateur*, et celui des longitudes est le premier méridien.

Sur quels cercles se mesurent les degrés de longitude ?
Sur l'équateur ou sur les parallèles à l'équateur (1).

Qu'est-ce qu'un degré de longitude ?
C'est la 360me partie de l'équatenr ou d'un parallèle à l'équateur.

Les degrés de latitude et de longitude sont-ils tous égaux ?
Les degrés de *latitude* sont tous égaux, mais ceux de *longitude* vont en diminuant depuis l'équateur jusqu'aux pôles, où ils se réduisent à zéro.

Quels sont les pays qui ont la même latitude et la même longitude ?
Tous les pays situés sur le même parallèle ont la même *latitude*, et ceux situés sur le même demi-méridien, ont la même *longitude*.

La température et le climat d'un lieu dépendent-ils de sa longitude ?
Non, mais ils dépendent de sa *latitude* et de l'*élévation* de ce lieu. Ainsi, plus un lieu est éloigné de l'équateur, plus les rayons du soleil y sont obliques, et par conséquent, moins ce pays est chaud.

A quoi servent la latitude et la longitude d'un lieu ?
A déterminer avec précision, sur les cartes ou sur le globe, la *position* d'un pays, d'une ville, à mesurer la distance d'une ville à l'autre, etc.

Comment peut-on déterminer la position d'une ville sur les cartes, connaissant sa longitude et sa latitude ?

____

(1) On appelle parallèles des petits cercles de la sphère, qui sont parallèles entre eux et à l'équateur.

En faisant *correspondre* sa longitude marquée au haut et au bas des cartes, avec sa latitude marquée sur les côtés; le point de réunion désigne l'endroit cherché.

Comment trouve-t-on sur une carte la distance d'un lieu à un autre?

En prenant cette distance avec un compas, et le portant sur l'échelle adoptée pour la carte : les divisions que le compas embrasse désignent le nombre de kilomètres qui sépare les deux endroits. Il faut ajouter environ un cinquième pour les sinuosités.

DES ANTIPODES.

Qu'appelle-t-on antipodes?

On appelle *antipodes* deux points de la surface de la terre diamétralement opposés.

Les habitants situés à nos antipodes ont-ils les mêmes saisons et les mêmes heures que nous?

Oui, mais entièrement opposées. Ainsi, quand ils ont l'*hiver*, nous avons l'été et réciproquement, et quand ils ont *minuit* nous avons midi.

Comment se fait-il que les habitants de nos antipodes ne tombent pas dans l'abîme?

Parce que tomber c'est, pour les antipodes comme pour nous, s'approcher de la surface de la terre ou de son centre.

DES SATELLITES OU LUNES

Qu'est-ce qu'un satellite ou lune?

C'est une *planète secondaire* qui tourne autour d'une planète principale.

Combien la Terre a-t-elle de satellites?

Elle en a un qui est la *Lune*; Jupiter en a 4, Saturne 7, et Uranus 6.

Qu'est-ce que la Lune?

C'est un corps *opaque*, c'est-à-dire sans transparence, qui nous renvoie la lumière qu'elle reçoit du Soleil.

La Lune est-elle bien grosse?

La Lune est 49 fois plus petite que la Terre dont elle est éloignée d'environ 40 mille myriamètres (86 mille lieues).

Puisque la Lune est si petite, pourquoi nous paraît-elle aussi grosse que le Soleil?

Parce qu'elle est beaucoup plus *rapprochée* de nous que le Soleil.

Combien la Lune a-t-elle de mouvements ?

La Lune a *trois mouvements* : l'un autour d'elle-même , l'autre autour de la terre, et le troisième autour du soleil en suivant la terre.

Combien la Lune met-elle de temps à tourner sur elle-même ?

Elle met autant de temps à tourner sur elle-même qu'elle en met à tourner autour de la terre, c'est-à-dire 27 jours et demi ; c'est pour cela qu'elle nous présente toujours le même côté.

Dans quel sens la Lune se meut-elle autour de la terre ?

Elle se meut d'*Occident* en *Orient*, et parcourt environ 13 degrés de son orbite par jour, c'est pour cela qu'elle se lève tous les jours environ 48 minutes plus tard que la veille.

Qu'est-ce que les phases de la Lune ?

Ce sont les diverses apparences de lumière qu'elle réfléchit : on en compte 4 principales qui se succèdent à environ sept jours d'intervalle ; c'est ce qu'on appelle *nouvelle-lune, premier-quartier, pleine-lune, dernier-quartier.*

Quand est-ce que la Lune est nouvelle ?

C'est quand elle est en conjonction , c'est-à-dire , entre le soleil et la terre; alors nous ne la voyons pas, parce que le côté qu'elle tourne vers la terre est tout entier dans l'ombre.

Quand est-ce que la Lune est au premier-quartier ?

C'est quand elle a décrit le quart de son orbite; alors sa partie éclairée nous paraît un demi-cercle.

Quand est-ce que la lune est pleine ?

C'est quand elle est en opposition , c'est-à-dire que la terre se trouve entre elle et le soleil : alors elle nous paraît toute ronde parce qu'elle tourne vers la terre toute sa partie éclairée.

Quand est-ce que la lune est au dernier-quartier ?

C'est quand elle a décrit les trois quarts de son orbite; alors sa partie éclairée nous paraît un demi-cercle.

D'où proviennent les taches qu'on observe sur la lune ?

Elles proviennent de ce qu'il y a sur la lune des parties de sa surface qui réfléchissent moins la lumière que les autres parties.

DES ÉCLIPSES.

Qu'appelle-t-on éclipse ?

On appelle *éclipse* l'obscurcissement momentané du soleil

par l'interposition de la lune, ou celui de la lune par l'interposition de la terre.

Quand est-ce qu'il y a éclipse de soleil ?
C'est quand la lune passe entre le soleil et la terre.

Quand est-ce qu'il y a éclipse de lune ?
C'est lorsque la terre, passant entre le soleil et la lune, couvre celle-ci de son ombre.

Quand est-ce que les éclipses peuvent avoir lieu ?
Les éclipses de soleil ne peuvent avoir lieu que vers la *nouvelle-lune*, et les éclipses de lune que vers la *pleine-lune*.

DES COMÈTES ' DES ÉTOILES FILANTES.

Qu'est-ce que les comètes ?
Ce sont des *corps célestes* qui se meuvent autour du soleil comme les planètes, mais elles en diffèrent en ce qu'elles décrivent des ellipses excessivement allongées.

Quand est-ce que les comètes sont visibles ?
C'est quand elles passent très-près du soleil ; alors elles sont ordinairement accompagnées d'une traînée de lumière qu'on appelle queue de la comète.

Qu'est-ce les étoiles filantes ?
Certains savants pensent que les *étoiles filantes* sont de petits corps qui roulent dans l'espace, et qui sont rendus visibles dans la traversée de notre atmosphère, par la chaleur qu'y développe leur marche excessivement rapide.

FIN.